デザイン思考の教科書

HBR'S 10 MUST READS ON DESIGN THINKING

ハーバード・ビジネス・レビュー
デザインシンキング
論文ベスト10

ハーバード・ビジネス・レビュー編集部＝編
DIAMONDハーバード・ビジネス・レビュー編集部＝訳

ダイヤモンド社

HBR'S 10 MUST READS ON DESIGN THINKING
by Harvard Business Review

はじめに

アップルをはじめ、米国シリコンバレーに拠点を構える多くの有力企業の、製品やサービスの開発に多大な影響を与えている「デザイン思考」(デザイン・シンキング)。それらの企業の経営者や従業員には、この思考法・行動様式が自然なものとして身についていて、競争優位の源泉となっています。

そのデザイン思考について、米国の名門経営大学院であるハーバード・ビジネス・スクールのマネジメント誌 *Harvard Business Review*(HBR:ハーバード・ビジネス・レビュー)で発表された、最も重要な論文と関連論文を、本書では編集しています。

デザイン思考は、世界的デザインコンサルティングファームであるIDEOや、スタンフォード大学d.school(ハッソ・プラットナー・デザイン・インスティテュート)、シリコンバレー企業群の間での、人的交流が活発なエコシステムを中心に、発展していきました。

本書は、そのIDEOの創設や経営の主要メンバーであるデイビット・ケリー、ティム・ブラウン、トム・ケリー、新しい経営理論を提案し続けるロジャー・マーティン(トロント大学ロットマンスクール・オブ・マネジメント教授)、イノベーション理論の開拓者クレイトン・クリステンセン(ハーバード・ビジネス・スクール教授)などの豪華執筆陣によって著されています。クリステンセン教授らによる、かの有名な論文「Jobs to Be Done:顧客のニーズを見極めよ」(第6章)も掲載しています。各章の概要は次の通りです（肩書きは論文執筆時のものです）。

第1章「ＩＤＥＯ　デザイン・シンキング」は、冒頭からゆっくり読まれると、デザイン思考の肝がよくわかります。ＩＤＥＯのティム・ブラウンは、デザイン思考のアプローチを、『『人々が何を欲し、何を必要とするか』『製造、包装、マーケティング、販売およびアフターサービスの方法について、人々が何を好み、何を嫌うのか』、これら2項目について、直接観察し、徹底的に理解し、それによってイノベーションに活力を与えること」と定義します。第1章以降の論文を読まれる時の指針になります。

論文の冒頭では、エジソンは、白熱電球を発明したことだけでなく、それを産業として結実させることに不可欠な電力システムを構築したことに、彼の偉大さがあると論じます。多くの人々に使われる製品・サービスとして結実してこそ、イノベーションの価値があるのです。

第2章は、ＩＤＥＯのトム・ケリーとデイビッド・ケリーによる「ＩＤＥＯ流　創造性を取り戻す4つの方法」。デイビッドはＩＤＥＯの創設者であり、スタンフォード大学で学び、教えて、デザイン思考の生み・育ての親です。彼の弟がトムです。2人は、ビジネスにおいて、創造性を阻む4つの恐れがあると言います。「やっかいな未知なるもの」「評価されること」「第一歩を踏み出すこと」「制御できなくなること」、それぞれに対する恐れです。

克服法は、小さな成功の積み重ねで、創造性への自信を「再発見」し、新しいアイデアを生み出す生得の能力と、それを試す勇気を引き出すことにあるとして、その具体策を展開していきます。

第3章「ＩＤＥＯ流　実行する組織のつくり方」では、デザイナーは過去、モノのデザインから、ソフトウェア、ユーザー体験、企業戦略、複雑なシステムへとデザインの幅を広げてきたが、これは知性が発展していく典型的な道筋であった、と論じます。今日直面する課題は、デザインされた人工物をどのように社会に導入し、溶け込ませていくか。その「導入の仕方のデザイン」こそ、製品自体のデザイン以上に重要であると主張します。IDEOのデザイナーは、荒削りの段階から試作品をユーザーに見せ、フィードバックしてもらい、改善。最終的にユーザーが満足するまで改善を重ねるそうです。

デザイン思考は業務プロセスを劇的に改善しうる「社会技術」である、というユニークな見方を提示するのは、第4章「デザイン思考で創造的解決を導く方法」。日本企業が得意のQC（品質管理）を発展させたTQM（総合的品質管理）が製造分野にもたらしたものと同様の成果を、デザイン思考がイノベーションの分野で上げうると述べています。その方法として、「顧客の立場に立つ」「掘り下げる」「調整する」「創発」「明確化」「先行体験」「実地学習」の7つのステップを詳述します。

第5章「リーダーはデザイン思考をどう活かすべきか」は、デザイン思考による取り組みを成功に導くためには、「効果的なリーダーシップが欠かせない」と説きます。

なぜなら、ユーザーの体験から発想しようとするデザイン思考は従業員にとって、「時に主観的で個人的すぎる（=合理的でなく客観的でない）」と感じられ、また、性急にゴールを目指さずに選択肢の幅を広げていくデザイン思考は、「明確な方向性や効率性を重視してきた従業員の不安を誘うもの」であり、さらに、プロトタイプの作成とテストを繰り返すというデザイン思考のプロセスは、「従業員に『失敗』の経験を繰り返させるということ」であり、苦痛を強いるものであるからです。つまり、従業員がこうしたさまざまなマイナスの感情を乗り越えてプロジェクトを成功させるには、リーダーの強いリーダーシップが欠かせないのです。

筆者らは、経営幹部がデザイン思考のプロジェクトを成功に導くために活用できる3つの方法、すなわち、①共感して寄り添う、②拡散的思考を奨励し曖昧さを許容する、③新しい未来を描き、リハーサルする、を提示します。

第6章「Jobs to Be Done：顧客のニーズを見極めよ」は、クレイトン・クリステンセン教授らが、あの「破壊的イノベーション理論」を補完する位置付けで考えました。イノベーションを起こすために必要なものは、顧客の膨大な情報と商品との「相関関係」ではなく、「因果関係」であると教授らは言います。企業が相関関係に焦点を当てると、そして顧客情報をよりよく知ることを重視すると、その企業は間違った方向に進んでしまう。彼らが本当に狙いを定めるべきなのは、人々が日常の生活の中で片付けるべき用事（ジョブ）と商品の因果関係を見つけること。言い換えれば、ある状況下で顧客が進歩を遂げようとしていること、つまり、彼らが達成したいと望んでいること＝"job to be done"（片付けるべき用事）を見つけ出すことであるというわけです。

先進国の多国籍企業が、先進国で開発し普及に成功した製品やサービスを、その後、途上国に移行するという形ではなく、最初に途上国で開発してグローバル向けに調整してから、先進国に輸出するアプローチである「リバース・イノベーション」論は、約10年前に注目を集めました。第7章は、その理論構築者の一人、ビジャイ・ゴビンダラジャンらが実践アプローチを論じています。この論文では、リバース・イノベーションに成功している多国籍企業が少数である現実を踏まえて、その要因を、「企業が新興国市場特有の経済的、社会的、技術的な背景を見誤っているため」と分析して、その対処法を論じています。

第8章は、多くの識者が重要性を指摘しているにもかかわらず、なかなか実践できない「失敗に学ぶ」ことを分析しています。その根本原因は、真剣に学ぼうとする姿勢が足りないからではなく、失敗について誤った考え方を持っていることにある、と筆者は論じます。「多くの組織のマネジャーが、失敗は悪いものだと考えている。そして失敗に学ぶためには、何が間違いだったのかを反省させ、同じ誤りを繰り返さないよう忠告すればよい――できれば、何が起こったのかを振り返るリポートを書かせ、それを組織全体に配るとよい、と考えている。しかしそれは見当違いである」というのです。

なぜなら、第1に、失敗は常に悪いとは限らない。組織において、失敗は悪い場合もあれば、避けられない場合もある。あるいは、失敗したほうがよい場合さえある。第2に、組織で起こった失敗から学ぶのはけっして簡単ではない。失敗を効果的に発見・分析するのに必要な態度や活動がほとんどの企業で不足しており、状況に応じた学習戦略の必要性が十分認識されていないからだ、と主張します。そこで、いかに「成功するための失敗」を設計し、改革に成功できるのかについて提案しています。

第9章「イノベーション・カタリスト」は、スティーブ・ジョブズがいなくても、アップルと同じくらい人を感動させ、顧客を喜ばせる、デザイン思考のサービスや製品を発明、開発できた成功事例が示されています。イノベーションを触発し、社内改革を推進するマネジャーを「カタリスト」（イノベーションを推進するための触媒）として起用し、彼らを軸として、社内の雰囲気を変え、アイデアを実践に移し、顧客との対話を密にし、プレゼンより実験を重視する社内体制をつくり、イノベーションをいくつも起こしていった経緯が解説されています。

第10章は、ペプシコの会長兼CEO、インドラ・ヌーイに対する、HBRの編集長アディ・イグナティウスのインタビューです。2006年にトップに就任し、順調に売上げを伸ばしてきたヌーイは、デザイン思考を「ペプシコのイノベーションの原動力」と言い、「当社が下す重要な意思決定の大半において、『デザイン』を考慮に入れている」と語ります。ヌーイが考えるデザイン思考とは何なのか。なぜペプシコをデザイン主導型の企業に変革したのか。いかにして事業の成功につなげているのかについて話を聞いています。

いずれも、固定観念を揺さぶり、眠っていた創造性を呼び覚まされる論考です。なお、本書は、「HBR誌において読むべき10論文」シリーズの一つで、第9章「イノベーション・カタリスト」は同じシリーズの既刊書籍『イノベーションの教科書』にも収録されています。

DIAMOND ハーバード・ビジネス・レビュー編集部

『デザイン思考の教科書』

目次

第7章 【実践】リバース・イノベーション――133

第1章

IDEO デザイン・シンキング

IDEO CEO兼社長
ティム・ブラウン

"Design Thinking"
Harvard Business Review, June 2008.
邦訳「IDEO デザイン・シンキング」
『DIAMONDハーバード・ビジネス・レビュー』2008年12月号

ティム・ブラウン
(Tim Brown)
イノベーションとデザインの世界的なコンサルティング会社 IDEO CEO 兼社長。多数の賞を獲得しているデザイナーでもある。その作品は、ニューヨーク近代美術館(MOMA)、東京にあるアクシスギャラリー、およびロンドンにあるデザイン・ミュージアムに展示されている。

エジソンこそデザイン思考の持ち主

トーマス・A・エジソンは、白熱電球を発明し、ここから一つの産業を築き上げた。それゆえ多くの人たちが、エジソンの代表的な発明として、まず電球を挙げる。しかし、電球が電球として機能するには電力システムが不可欠である。このシステムがなければ、電球は一種の見世物にすぎない。この点を理解していたからこそ、エジソンは必要なシステム全体を創出したのである。

したがって、エジソンが天才たるゆえんは、個々の発明品だけでなく、完全に発達した市場までも思い描ける想像力にあった。彼は、人々が自分の発明品をどのように使いたいと思うのかを想像できたからこそ、これを実現しえたのである。とはいえ、いつも彼が思い描いた通りだったわけではない。たとえば蓄音機は、エジソンによれば、主に口述を録音・再生する事務機として利用されるはずだった。

彼はユーザーのニーズや嗜好を必ず検討した。エジソンのアプローチは、イノベーション活動の全領域にわたって、人間中心のデザインの真髄を吹き込むアプローチ、いわゆる「デザイン思考」の初期の例といえる。

ここで、デザイン思考のアプローチを定義しておこう。

「『人々が生活の中で何を欲し、何を必要とするか』『製造、包装、マーケティング、販売およびアフターサービスの方法について、人々が何を好み、何を嫌うのか』、これら2項目について、直接観察し、徹底的に理解し、それによってイノベーションに活力を与えること」

一般的に、エジソン最大の功績は、現代的なR＆D実験室および実験的調査方法を発明したことだといわれる。しかし、彼は狭い分野に特化した科学者ではなく、鋭いビジネス感覚を持った万能型のゼネラリストだった。ニュージャージー州メンロパークにエジソン研究所を設立し、才能あふれる修繕屋や即興家、実験家を呼び集めた。実際、彼はイノベーションにチームアプローチを初めて採用し、「孤高の天才発明家」という固定観念を打破したのである。この発明チームはつらつとし、和気あいあいとしていた。この仲間意識は、エジソンの伝記作家たちが好んで取り上げる題材である。しかし同時に、この発明プロセスは、際限なく繰り返される試行錯誤をも特色としていた。天才に関するエジソンの名言にあるように、まさに「99％の努力」だったのである。

エジソンのアプローチは、事前に考えられた仮説を検証することを目的とするのではなく、試行錯誤による挑戦から、実験家たちが何か新しいことを学べるように支援することを目的にしていた。

イノベーションは、一筋縄にいかない取り組みである。エジソンはこのイノベーションを、芸術、技術、科学、事業手腕、さらに顧客と市場に関する慧眼を融合させた一つの仕事へとつくり上げた。

デザイン思考は、このような伝統を受け継いでいる。簡単に説明すると、デザイナーの感性と手法を用いて、人々のニーズと技術の力を取り持つことこそ、デザイン思考が専門とする領域である。また、現実的な事業戦略にデザイナーの感性と手法を取り入れ、人々のニーズに合った顧客価値と市場機会を創出することもしかりである。ただし、エジソンの努力を惜しまないイノベーションプロセスと同じく、デザイン思考も多大な努力を必要とする場合が多い。ビジネスの世界では、マネジメントアイデアやベストプラクティスのほとんどを自由に模倣できる。だからこそ、デザイン思考が大いに役立つ。ビジネスリーダーはいま、イノベーションが差別化と競争優位を生み出す主な源泉であると考えている。この際、イノベーションプロセスのすべてに、デザイン思考を取り入れることをお勧めする。

デザイン思考で病院を改革する

デザインは以前より、開発プロセスの川下に位置付けられてきた。つまりデザイナーは、イノベーションの実作業である初期段階では何もすることがなく、固まったアイデアに化粧を施す。そのように考えられてきたのである。実際、多くの分野でこのようなアプローチが一般的であり、新しい製品や技術の見栄え、そして消費者の受けをよくしてきた。また、広告宣伝を刺激的で洗練されたものにし、ブランドの認知度を高めてきた。このように、デザインは市場の成長に貢献してきた。

20世紀後半に入ると、たとえば家電、自動車、消費財といった一部の業界では、競争優位を築くうえで、デザインの価値が次第に高まっていった。しかし他の業界の大半では、デザインは相変わらず最終段階のおまけ扱いに甘んじていた。デザイナーの役割はこれまで、開発されたアイデアを消費者にとって魅力的にすることだった。しかし現在、デザイナーには、消費者のニーズやウオンツによりマッチしたアイデアを生み出すことが期待されている。従来のデザイナーの役割は戦術的であり、デザインによって生み出される価値は限定的だった。しかし現在、デザイナーに求められているのは戦略的な役割であり、これにより画期的な新しい価値が生まれてこよう。

さらに、先進国経済の産業構造が、工業生産から知識労働とサービス化に移行していく中で、イノベーションの領域は拡大している。その対象となるのは、もはや単なる物理的な製品に留まらない。そこには、たとえば新しいプロセスやサービス、そしてITの力によって実現されるインタラクション、エンタテインメント、コミュニケーションやコラボレーションなどが加わった。これらはまさしく人間中心の活動であり、デザイン思考が決定的な違いをもたらしうる分野である（**章末**「デザイン思考の持ち主のプロフィール」を参照）。

大手医療サービス機関のカイザー・パーマネンテを例に挙げよう。カイザーは、患者と医療従事者双方の経験価値を改善できないものかと考えていた。サービス産業の企業は、サービスを提供する現場において、飛躍的なイノベーションのチャンスに恵まれることが少なくない。

カイザーは、医師や看護師、医療事務のスタッフたちにデザイン思考のテクニックを教えることで、新しいアイデアを思い付くようになることを望んでいた。そこで、筆者らIDEOとカイザーのコーチ陣の指導の下、彼らはいくつかのグループに分かれて、数カ月にわたるワークショップに参加した。これらのワークショップから、さまざまなイノベーションのアイデアが生まれた。その多くが現在、全社的に取り組まれている。この取り組みの一つとして、4つのカイザー系列病院における看護スタッフのシフト交替を刷新するプロジェクトを紹介しよう。このプロジェクトは、イノベーションによってもたらされる成果に本来備わっている汎用性、そしてデザインならではのホリスティック（大局的）アプローチの価値を説明するうえで格好の事例といえる。

プロジェクトチームには、元看護師の戦略家、組織開発のコンサルタント、ITの専門家、プロセスデザイナー、労働組合の代表者が各1人、そしてIDEOから何人かのデザイナーが、主要メンバーとして加わった。このプロジェクトチームは、各病院の現場スタッフから成るイノベーションチームと一緒に、プロジェクトを進めていった。

プロジェクトの第1段階では、プロジェクトチームが看護師たちと協力してシフト交替の様子を観察したところ、さまざまな問題点が発見された。これらの問題は、シフト交替時の最初の45分間にあった。

この時、シフトに入る看護師たちは、シフトを終えた同僚から患者の状態についてナースステーションで報告を受ける。その申し送りの仕方は病院ごとに異なり、録音を聞くところもあれば、口頭で行っているところもあった。さらに、患者への対応に関する情報をまとめる方法もさまざまだった。なかには、手元にあった紙切れの裏に、時には白衣に、簡単なメモを走り書きする場合もあった。

シフト交替にけっこうな時間を割いている割には、患者にとって極めて重要なことを看護師たちが把握し損ねていることが少なくなかった。たとえば、患者の様子はどうだったか、家族の誰が面会に訪れていたか、特定の検査や治療を受けたのか否かなどが連絡されないことがたびたびあったのである。また、患者の多くが、シフト交替時には看護が手薄になると感じていた。

プロジェクトチームの調査によって、このような実態が明らかになった。シフト交替時をつぶさに観察したことで得られた知見を踏まえて、イノベーションチームは解決策を検討した。この検討プロセスに不可欠なのが、ブレインストーミングと迅速なプロトタイピング（試作）である。

サービスイノベーションのプロトタイプはもちろん有形ではないが、目に見える必要がある。プロトタイピングから学習し、その内容を理解するには画像が役に立つ。このため、IDEOではプロトタイピングされたサービスがどのように実践されているのか、その状況をビデオに録画することが多い。実際、カイザーの場合でもビデオを回した。

プロトタイピングは、複雑である必要も、高いコストをかける必要もない。IDEOはまた、カイザーの外科医たちが使う副鼻腔手術用器具の開発プロジェクトをサポートした。外科医たちが器具の理想的な物理的特性を説明している時、一人のデザイナーがホワイトボード用のマーカーとフィルム容器、そして洗濯ばさみを手に取り、これらをテープでつなぎ合わせた。こうしてでき上がった初歩的なプロトタイプを手に、彼は「つまり、このようなものですか」と尋ねた。これをきっかけに、外科医たちは最終的なデザインがどうあるべきかについて、より微細にわたって検討できるようになった。

プロトタイプに投入する時間、努力、資金は、有益なフィードバックを引き出し、アイデアをさらに発展させるところまでに留めるべきである。プロトタイプが完成型に近づけば近づくほど、開発メンバーたちがフィードバックに注意を払い、そこからメリットを得られる可能性が低くなるからだ。したがって、プロトタイピングのゴールは完成させることではない。アイデアの長所と短所を学び、次に続くプロトタイプの方向性を具体化することが目標である。

看護師たちはこれまで、ナースステーションで情報をやり取りしていたが、再設計されたシフト交替の方法に従い、患者本人を前に伝達するようになった。またプロジェクトチームは、わずか1週間で作業プロトタイプを開発した。

このプロトタイプには、新しい手順をはじめ、看護師たちがシフト交替時に記した過去のメモを呼び出したり、新しいメモを追加できたりする簡単なソフトウェアも含まれていた。

このおかげで、その看護師たちは患者情報の申し送りのために、シフト終了時にメモを走り書きする代わりに、勤務時間のいつでも好きな時に情報を入力できるようになった。また、シフトに入る看護師たちは、入力されたデータを自分用にカスタマイズされた簡単なフォーマットで閲覧できるようになった。その結果、伝達される情報の質が向上したうえ、準備時間も短縮された。つまり、より的確な情報に基づき、より素早く患者に対応できるようになったのである。

カイザーはじっくり時間をかけて、この変更によってどのような影響が生じたのかを測定した。その結果、看護師が病院に到着してから最初の患者に接するまでの平均所要時間が半分以下に短縮されたことが判明した。つまり、4つの病院すべてで、実質的な看護時間が大幅に増えたのである。

これと同じく重要なのは、作業の質が向上したことを看護師たちが実感したことである。ある看護師は「病院に着いてまだ45分しか経っていないのに、ふだんの1時間先の仕事に取りかかっていました」とコメントした。また別の看護師は「定時に帰れるのは今回が初めてです」と明かした。こうして看護師たちは、仕事の満足度と生産性のみならず、患者への対応も大幅に改善させた。看護師たちは人間中心のデザイン思考法によって、比較的小さなプロセスイノベーションから望外の効果を生み出した。

またカイザーでは現在、新しいシフト交替を展開している。加えて、危篤患者の情報を確実に記録するソフトウェアが、同社の電子カルテ・イニシアティブに統合されつつある。

カイザー傘下の全病院で、あらゆる医師や看護師、医療事務スタッフたちが、先のイノベーションチームのように問題に取り組む権限が与えられていると感じるようになったら、どんなことが起こるだろうか。これを解明するために、カイザーはガーフィールド・イノベーション・センターを創設した。このセンターは、最初に立ち上げられたプロジェクトチームが運営し、カイザー・グループ全体のコンサルティング機能を果たしている。同センターのミッションは、患者への待遇を改善するイノベーションを追求し、さらに視野を広げて、カイザーの「将来の病院像」を構想することである。そして同センターの指導の下、デザイン思考のさまざまなツールがカイザー・グループ全体に導入されつつある。

デザイン思考の3段階のプロセス

創造の才にまつわる神話は、いまなお根強い。すなわち、「偉大なアイデアとは、凡人には計り知れない神業的な想像力によって、天才が不意に完璧な形で考え出すもの」と多くの人が信じているのだ。しかし、カイザーの看護師チームが成し遂げたことは、降って湧いたブレークスルーでもなければ、天才のひらめきでもなかった。それは、人間中心の発見プロセスによって創造的に、プロトタイピング、検証、改善のサイクルを何度も繰り返したことの賜物であった。

デザイン思考のプロセスは、一連の体系的なステップの連続であるというよりも、複数の「スペース」で構成されるシステムに例えるのが一番うまく説明できる。ここではスペースという言葉を、「イノベーションの連続体を形成する複数の関連活動を類型化するもの」という意味で用いる。

デザイン思考の初心者には、このプロセスが支離滅裂に思えるかもしれない。というのも、その構造が他の事業活動に典型的に見られるような、次の工程を間違いなく予見できる線形のプロセスとは異なるからだ。しかし、カイザーの事例が示すように、プロジェクトが進んでいくにつれて、参加者たちはこのプロセスに納得し、しかるべき成果が出せることを理解するようになる。

突き詰めると、デザインプロジェクトには、通過すべき3つのスペースがある（**図表1**「デザイン思考のプロセス」を参照）。筆者らはそれら3つを、「着想《インスピレーション》」「観念化《アイディエーション》」「実現化《インプリメンテーション》」と呼んでいる。

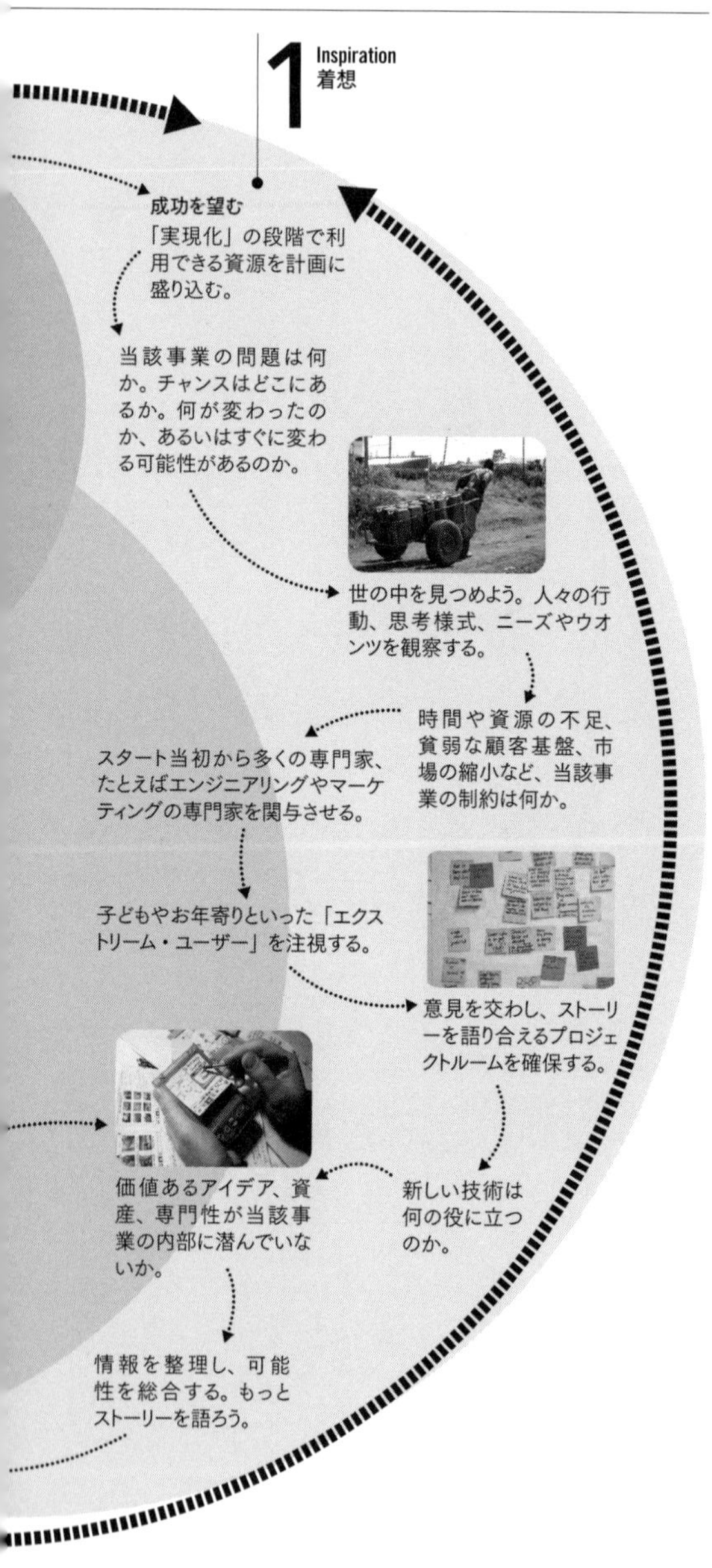

1 Inspiration 着想
成功を望む
「実現化」の段階で利用できる資源を計画に盛り込む。

当該事業の問題は何か。チャンスはどこにあるか。何が変わったのか、あるいはすぐに変わる可能性があるのか。

世の中を見つめよう。人々の行動、思考様式、ニーズやウオンツを観察する。

時間や資源の不足、貧弱な顧客基盤、市場の縮小など、当該事業の制約は何か。

スタート当初から多くの専門家、たとえばエンジニアリングやマーケティングの専門家を関与させる。

子どもやお年寄りといった「エクストリーム・ユーザー」を注視する。

意見を交わし、ストーリーを語り合えるプロジェクトルームを確保する。

新しい技術は何の役に立つのか。

価値あるアイデア、資産、専門性が当該事業の内部に潜んでいないか。

情報を整理し、可能性を総合する。もっとストーリーを語ろう。

図表1｜デザイン思考のプロセス

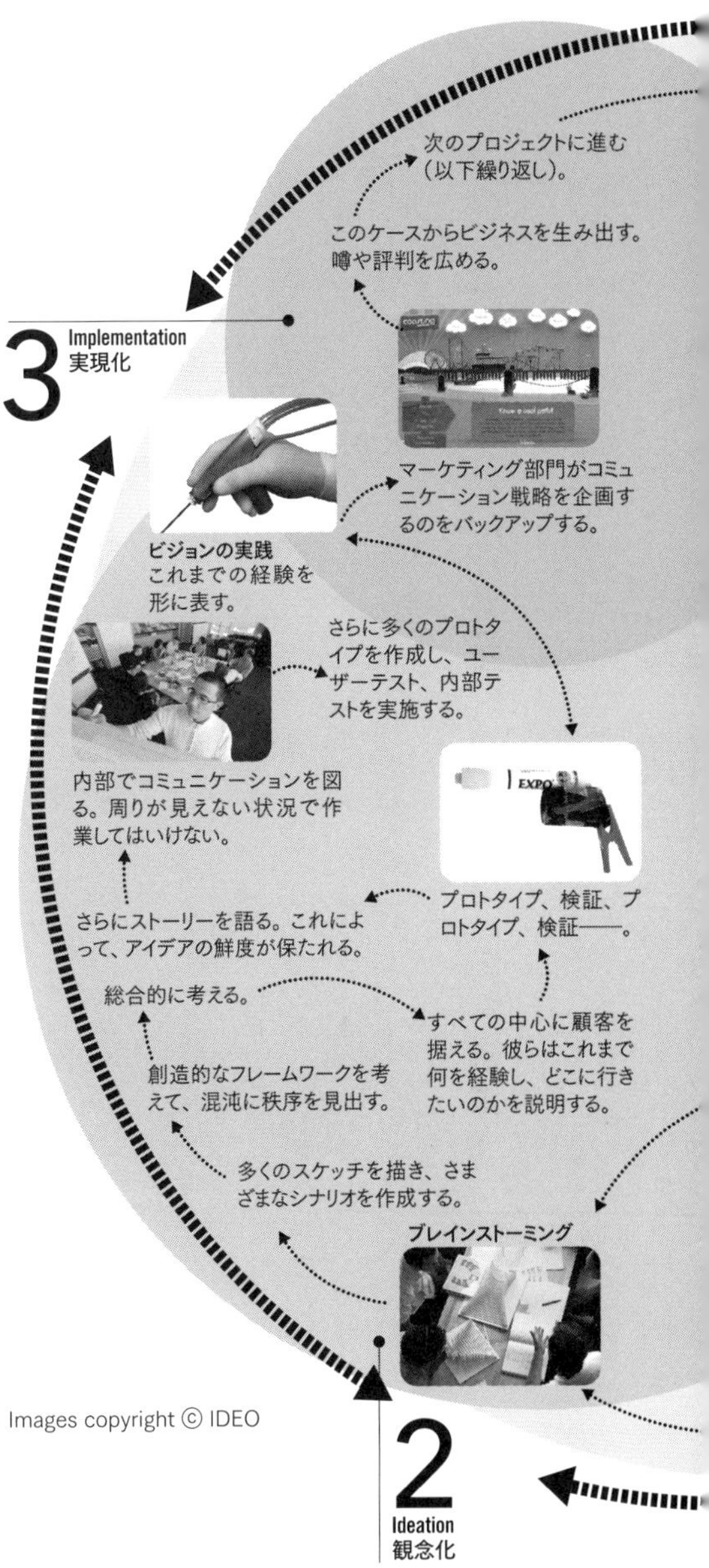
3 Implementation 実現化
次のプロジェクトに進む（以下繰り返し）。

このケースからビジネスを生み出す。噂や評判を広める。

マーケティング部門がコミュニケーション戦略を企画するのをバックアップする。

ビジョンの実践 これまでの経験を形に表す。

さらに多くのプロトタイプを作成し、ユーザーテスト、内部テストを実施する。

内部でコミュニケーションを図る。周りが見えない状況で作業してはいけない。

プロトタイプ、検証、プロトタイプ、検証――。

さらにストーリーを語る。これによって、アイデアの鮮度が保たれる。

総合的に考える。

すべての中心に顧客を据える。彼らはこれまで何を経験し、どこに行きたいのかを説明する。

創造的なフレームワークを考えて、混沌に秩序を見出す。

多くのスケッチを描き、さまざまなシナリオを作成する。

ブレインストーミング
2 Ideation 観念化
Images copyright © IDEO

それぞれのスペースについて、その定義を明らかにしておこう。

着想（inspiration）：解決策のあくなき探求を動機付ける。その状況が問題であるか、チャンスであるか、あるいはその双方であるか、については問わない。

観念化（ideation）：解決策につながりそうなアイデアを生み、発展させ、検証するプロセスである。

実現化（implementation）：上市までのプロセスを決定する。

アイデアが改良され、新しい方向が示されるたびに、プロジェクトは、これらの3つのスペースの間、とりわけ着想と観念化のスペースの間を行ったり来たりする。

時には、経営陣が事業の命運を左右する深刻な変化が生じていると気づいたことがきっかけで、デザインプロジェクトが始まることもある。2004年、シマノの自転車部品部門は米国市場で、伝統的な高級ロードバイクと高級マウンテンバイク両部門の成長鈍化に直面していた。

シマノはこれまで、技術革新を成長の牽引役としてきたため、当然ながら次の技術革新はどこから訪れるのか、予測しようと試みた。同社の考えでは、今回はベビーブーマーにアピールする高級カジュアルバイクが検討に値すると見られた。IDEOは同社のプロジェクトに協力するように要請された。これを受けて、IDEOとシマノの双方から、デザイナー、行動科学者、マーケティング専門家、およびエンジニアが集まり、デザインチームを結成した。

着想の段階では、この学際的なチームは、プロジェクトにふさわしい制約要素を特定することに取り組んだ。まず、ターゲットを高級カジュアルバイク市場だけに絞り込むべきではないと直感した。この市場が新しい成長の唯一の源泉でないことが明らかになるかもしれない。また、成長の牽引役が複数ある場合、この市場がその中で一番の成長源とは限らないと考えたのである。

そこでデザインチームは、米国の成人人口の9割が自転車に乗らない理由を解明することに着手した。この問題を考える新しい切り口を見つけるために、チームメンバーたちはありとあらゆるタイプの消費者へのインタビューに時間を費やした。その結果、ほぼ全員が、子どもの時に自転車に乗った経験があり、それを楽しい思い出として懐かしんでいることがわかった。

また、多くの米国人が今日、次のような理由からサイクリングに及び腰になっていることが明らかになったのである。

❶小売店の応対。たとえば自転車店の大半で、ライクラ（ポリウレタン）素材のスポーツウェアに身を包んだ体育会系の若者が販売スタッフを務めている。
❷自転車本体、部品、特殊な装身具の複雑な構造と費用。
❸自転車専用ではない道路でサイクリングする危険。
❹めったに乗らない高性能自転車をメンテナンスしなければならない面倒さ。

以上のように人間中心の調査によって、ノンコア顧客層の意見が明らかになり、新しいカテゴリーの自転車ならば、サイクリングに二の足を踏む根本的な原因に対処し、米国の消費者たちに、子どもの時のサイクリング経験を思い出させることもけっして不可能ではないという手ごたえを得た。そして、巨大な未開拓市場の存在が浮上した。

デザインチームは、相対的な経験から想像される側面についてもれなく押さえ、ついに「コースティング」（惰性走行）というコンセプトを導き出した。コースティングの狙いは、長らく自転車に乗っていない人たちを、気軽で単純、そして楽しいサイクリングに誘うことだった。コースティングは、スポ

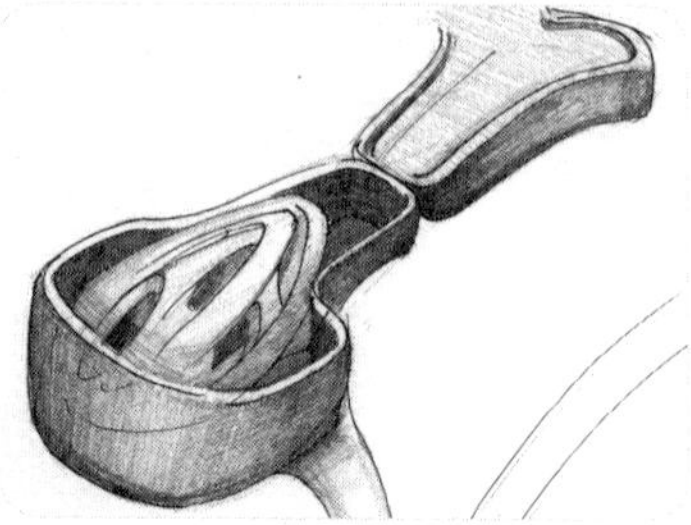

ヘルメットを収納できるサドルのスケッチ。

コースティング自転車のプロトタイプ。

シマノのコースティング・ドットコムのサイト。コースティング自転車の販売店と安全にサイクリングを楽しめる場所がわかる。

ーツ用というよりも、むしろ楽しむための自転車で、ハンドルバーには制御機構がなく、またフレームにはブレーキケーブルがない。多くの人たちが幼い頃に乗った自転車のように、ペダルを逆にこぐことでブレーキが利く。内蔵コンピュータが作動して、自転車のスピードに応じて3つのギアが自動的にシフトする。コースティング自転車の特徴は、座り心地のよいクッションシート、高い操作性、メンテナンスの手間が少ないという点にある。トレック・バイシクル、ラレー・バイシクル、ジャイアント・バイシクルの大手3社が、シマノの革新的なコンポーネントを取り入れた自転車を開発した。

デザインチームの取り組みは自転車本体の開発だけに留まらなかった。自転車店向けの店頭販売戦略を策定したのである。エントリーユーザーがマニア向けの店内に感じる気まずさを緩和することも、この戦略の狙いの一つだった。デザインチームは、生活をエンジョイする方法としてコースティングを位置付けたブランドを開発した。そのキャッチフレーズは、「気楽に。何か探しに出かけよう。ぶらぶら。のらりくらり。一番にゴールした奴にはお仕置きを」である。さらに、地方自治体やサイクリング団体と協力し、安全に自転車に乗れる場所を案内するPR作戦も企画した。実現化の段階になると、デザインチーム以外にも、さまざまな人たちがプロジェクトに参加し始めたが、イノベーションに取り組む最初の段階からデザイン思考で考えたからこそ、この素晴らしい解決策につながったといえよう。

周囲がデザインチームに期待していたのは、「自転車の外観」のデザインだけだったであろうが、あえて後回しにした。デザインチームがシマノのデザイン部門のためにデザイン案を考えたのは、開発プロセスに入ってからのことだった。2007年の発売は大成功を収め、これを受けて2008年には、さらに7社の自転車メーカーがコースティング自転車の生産契約を締結した。

インド全体に眼科治療を届けるシステムを構築する

国際的に大成功を収めているブランドの多くは、消費者の生活を深く理解することからブレークスルーを見つけ、画期的なアイデアを創出している。このようなアイデアは、価値を生み出し構築するデザイン思考の原則を利用した結果でもある。時には、文化的、社会経済的な状況の違いを考慮しなければならない類のイノベーションもある。このような場合、デザイン思考を利用することで、先進国社会では当然視されている前提条件に代わる、創造的なアイデアを提示することが可能になる（**章末**「デザイン思考をイノベーションに活かす法」を参照)。

インドのアラビンド・アイ・ケア・システムは、おそらく世界最大の眼科医療機関だろう。2006年4月から2007年3月までの1年間に、230万人以上の患者を治療し、27万件を超える手術を実施した。アラビンドは、優れた眼科治療を実施し、地方の貧困層も含め、全インドにおいて治療可能な失明を撲滅することをミッションに掲げている。ちなみに、そのスローガンのうち、一つは「高い質はあらゆる人々のために」(クオリティ・イズ・フォー・エブリワン)である。

ゴビンダッパ・ベンカタスワミ博士がアラビンドを設立した1976年当時、博士の自宅が唯一の診療所で、ベッドは11床しかなかった。しかし現在、5つの病院——このほか系列病院が3つある——に加えて、眼科製品の工場、研究財団、トレーニングセンターを擁するまでに成長した。

同社が実践するミッションとモデルは、いくつかの点で、電球の発明に留まらず電力システムにまで及んだエジソンのホリスティックなコンセプトを彷彿とさせる。課題はロジスティックなものだ。つまり、都市部から遠く離れた地方の人たちに眼科治療を提供するには、どのような解決策が最も優れているのかを追求し続けているのである。

アラビンドが、みずからを「アイ・ケア・システム」と称するのには理由がある。その守備範囲が、眼科治療を超えて、これまで治療を受けられなかった人々に専門治療を届けるロジスティックスの設計にまで及んでいるからだ。アラビンドは自社の病院ネットワークを、末端というよりは出発点と考えている。そのエネルギッシュで革新的な取り組みでは、地方において予防治療とスクリーニング検査を実施することが重視されている。たとえば1990年以降、アラビンドはインド農村部で「アイ・キャンプ」を展開している。その目的は、患者の登録、眼科検査の実施、眼科治療の教育、手術や高度診断サービスが必要と見られる人々、またはモニタリングが必要な症状のある人々の特定にある。

２００６年から２００７年初めにかけて、このアイ・キャンプでは、50万人を超える患者をスクリーニング検査した。その結果、11万３０００人近くが手術を要する状態にあることが判明した。

交通手段は、農村部に共通する問題である。そこでアラビンドは、治療を要する患者たちに、同社の都心部にある施設と患者の自宅を往復するバスの運行サービスを提供している。

また遠隔医療用トラックによって、アラビンドの医師たちは病院にいながらにして、遠隔地の治療に参加できる。アラビンドは長年にわたり、この遠隔医療用トラックを使って、さまざまな診療能力を強化してきた。近年では、スクリーニング用データの分析から、学齢児童、産業労働者、公務員など、人

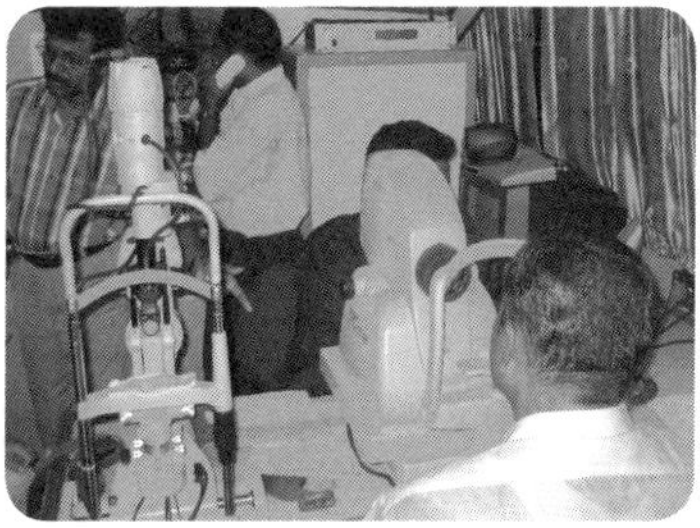

アラビンドは、農村部に住む患者たちに眼科検診を定期的に実施している。

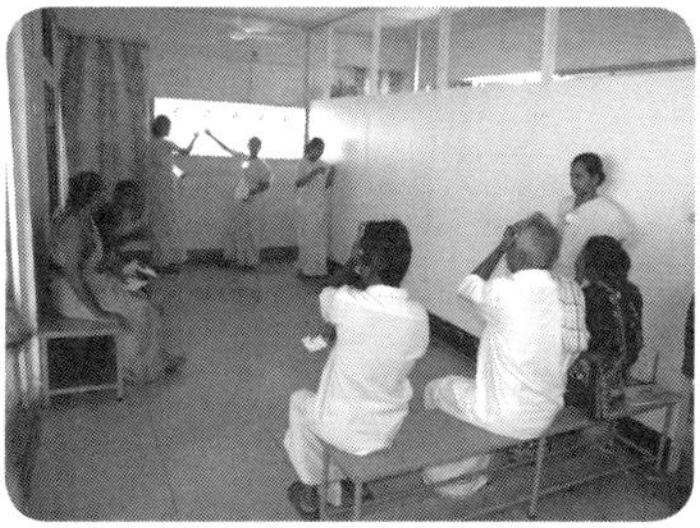

眼科検診の様子。

衛星を使った遠隔治療システムを載せたアラビンドのバス。

口統計上の一群を対象とした特別アイ・キャンプや、糖尿病に関連した眼疾患のスクリーニングに特化したアイ・キャンプも始まっている。以上のサービスはすべて、診察料を支払う経済的余裕のない患者の約6割に無料で提供されている。

アイ・ケア・システムの開発には、デザイン思考のさまざまな特徴が見られる。たとえば、創造性を発揮するバネとして、2つの制約を利用している。患者の多くが地方で暮らす貧困層である点、高価な治療は利用できない点である。たとえば、欧米製の眼内レンズ一組は200ドルと高価なので、助けられる患者の数は限定されてしまう。そこで、レンズメーカーにやり方を変えるように説得する代わりに、みずから解決策を編み出した。5つある病院の1つの地下室に、工場を設けたのである。最終的には、比較的低コストの技術を用いれば、一組4ドルで製造できることが判明した。

その設立から現在に至るまで、アラビンドは、貧困、無知、まだ満たされていない膨大なニーズという制約をバネに進むべき道を突き進み、複雑な社会問題と医療問題を解決するシステムを構築してきたのである。

経験価値をイノベーションする

以上、デザイン思考は見栄えのよさを超えて、イノベーションを導き出すことを論じてきた。ただし、スタイリングや美観が重要ではないと申し上げているわけではない。最新で断然クールな製品の写真が各種雑誌に華々しく取り上げられるのには理由がある。魅力にあふれ、見る人の感情に訴えるからだ。

優れたデザインは、ニーズと欲求を同時に満足させる。製品への思い入れや心に思い浮かぶイメージによって、関心が湧いてくることが多い。ヒット製品は、必ずしも市場に一番乗りしたものではなく、感情と機能の両面に最初にアピールしたものである。我々はこのことを、何度も目の当たりにしてきた。言い換えれば、ヒット製品はやるべき仕事をやっているからこそ、人々に気に入られるのだ。

ｉＰｏｄは、ＭＰ３プレーヤーの第1号ではなかったが、人々を楽しい気分にさせたという点では第1号といえる。米国の大手小売チェーン、ターゲットに並んでいる商品は、デザインが感情に訴え、価格が優れた機能を示している。

将来、このような考え方がますます重要になるだろう。ダニエル・ピンクはその著書『ハイ・コンセプト』[注1]の中で、次のように述べている。「豊かさのおかげで、多くの人の物理的ニーズは過剰なまでに満たされた。それによって、美しさや感情面を重視する傾向が強まり、何らかの意味をいっそう求めるようになった」

基本的なニーズが満たされた現在、感情面での満足、しかるべき意味と洗練さを備えた経験への期待が高まっている。しかし製品だけでは、このような経験は生み出しえない。製品やサービス、そして場、情報などが複雑に組み合わさったものであるはずだ。たとえば、教育を受ける方法、娯楽を楽しむ方法、健康を維持する方法、共有して伝え合う方法が、これに該当する。デザイン思考は、このような経験を思い描くと同時に、それらに望ましい形を与えるツールでもある。

こうした経験のイノベーションについて、金融サービス会社の事例で見てみよう。バンク・オブ・アメリカは2005年後半、キープ・ザ・チェンジ（お釣りを貯めよう）という普通預金をそのサービスメニューに加えた。同行の商品開発チームは、IDEOの協力の下、ある消費者行動を特定した。言われてみれば、多くの人が身に覚えのある行動である。具体的には次のようなものだ。

家に帰ると、買い物の釣り銭を口の広いビンに入れる。そのビンがいっぱいになれば、中の小銭を銀行に持っていって口座に預ける。これは、多くの人にとって簡単な貯金術である。バンク・オブ・アメリカのイノベーションは、この消費者行動をデビットカードに反映させた点にあった。この新サービスを利用すれば、同行のデビットカードで買い物すると、支払金額のセント単位端数はドル単位に切り上げされ、その差額——ドル札で支払った場合にもらう硬貨のお釣りに相当する——は自動的に普通口座に預金される。

手間もかからず、知らずしらずのうちにお金が貯まっていくという、我々の本能的欲求に訴えたことが、このイノベーションが成功した理由である。キープ・ザ・チェンジは、我々の多くがすでに経験している行動がモデルになっているため、ごく自然な経験に感じることができる。

バンク・オブ・アメリカは、この新サービスの成功をより確実なものとするために、最初の3カ月間は預金された釣り銭の総額に相当する分、その後は1年間に預金された釣り銭の総額（上限は250ドル）の5％相当分を預金残高に上乗せした。この販促が、新サービスを試そうとする顧客を後押しした。しかし、本当の報酬は感情にアピールするものだ。つまり、毎月届く口座残高表を見て、労せずお金が貯まっているとわかった時の満足感である。

1年も経たないうちに、このサービスは250万人の顧客を引き付けた。現在まで70万件の当座預金口座と、100万件の普通預金口座が新規に開設されている。総加入者数はいまや500万人を突破し、総預金残高は5億ドルを超えている。

デザイン思考によって人間行動の一側面が特定され、そこから顧客のメリットと事業価値が引き出される。キープ・ザ・チェンジはこの点を実証する好例である。

トーマス・エジソンは、米国における「イノベーションの黄金時代」の象徴である。新しいアイデアによって、米国人の生活のあらゆる側面に変化が訪れた時代であった。どちらかと言えば、変化の必要性はこれまでに増して高まっている。どこを見ても、イノベーションなくしては解決できない問題が山積しているからである。

たとえば、経済的に手が届かない、あるいは技術的に難しい医療サービス、一日にわずか数ドルで生活しようとしている何十億人もの貧困層、地球の限界を超えるエネルギー使用、授業についていけない人たちをいまだたくさん生み出している教育システム、新技術または人口移動によって崩壊した市場に直面する企業等々——。

これらの問題すべてに共通しているのは、その中心にいるのは人間であるということだ。したがって、最善のアイデアと究極の解決策を見出すには、人間中心で、創造的で、しつこく繰り返す、実用的なアプローチが必要である。そのようなアプローチこそ、イノベーションにデザイン思考を活かすことにほかならない。

デザイン思考の持ち主のプロフィール

世間一般の見方とは違って、デザイン思考を身につけるには、奇妙な靴を履いたり、黒のタートルネックのセーターを着たりする必要はない。また、必ずしもデザイン学校に通う必要もない。デザインを生業とするプロフェッショナルたちは、たいてい何らかのデザイン教育を受けているとはいえ、そのような教育機関が唯一の養成所とは限らない。筆者の経験からすると、デザインのプロフェッショナル以外の人たちも、生まれ付きデザイン思考の才に恵まれている。適切な能力開発によって経験を積めば、その才能を開花できる。出発点として、デザイン思考の持ち主たちの注目すべき特徴を紹介しよう。

感情移入

デザイン思考の持ち主は、同僚、クライアント、エンドユーザー、既存顧客や見込み顧客といった複数の観点から世界を思い描くことができる。「人間を最優先する」ことで、本質的に望ましい解決策を想像し、具体的なニーズや潜在的なニーズに応える。優れたデザイン思考の持ち主は、世界を実に詳細に観察する。彼らはほかの人たちが見過ごしていることに気づき、その見識を活かしてイノベーションを生み出す。

インテグレーティブ思考

デザイン思考の持ち主は、分析——これは「最終的に何を選択するか」を決めるプロセスである——に頼るだけではない。これに加えて、複雑な問題の中で際立った部分、時には相反する部分をもれなく把握して、まったく新しい解決策を創出する能力を発揮する。彼らが考え出す解決策は既存の代替案を凌駕し、従来のアイデアを大幅に改善する。(注2)

楽観主義

目の前の問題に課せられた制約がいかに厳しくとも、デザイン思考の持ち主は、「既存の代替案よりもよい解決案が少なくとも一つはあるはずだ」と考える。

実験好き

飛躍をもたらすイノベーションは、微調整の積み重ねから生まれるのではない。デザイン思考の持ち主は、まったく新しい方向に向かう創造的な方法で疑問を投げかけ、制約を徹底的に調査する。

協調性

製品やサービス、経験の複雑性が増した結果、「孤高の天才」という神話は崩れ、「熱心で学際的に協力し合う集団」が登場している。一流のデザイン思考の持ち主は、他の専門家と一緒に働くだけではない。彼らの多くは、複数の専門分野に秀でている。IDEOが雇う人材は、たとえばエンジニア兼マーケター、人類学者兼工業デザイナー、建築家兼心理学者などである。

デザイン思考をイノベーションに活かす法

スタートから関わる

方向性が打ち出される前、つまりイノベーションプロセスの当初からデザイン思考の持ち主たちを関与させる。デザイン思考を取り入れると、より多くのアイデアをより迅速に検討するうえで効果的である。

人間中心のアプローチを尊重する

イノベーションには、事業や技術について考慮するだけに留まらず、人間の行動、ニーズ、嗜好も織り込むべきである。人間中心のデザイン思考を実践すると、特に直接の観察に基づく調査を取り入れる時には、思いがけない洞察が得られ、消費者の欲求をより的確に反映したイノベーションが生まれる。

早くに試行錯誤を繰り返す

迅速な実験とプロトタイプの開発を促す。プロジェクトの第1週にプロトタイプを作成するよう、各チームに発破をかける。最初のプロトタイプを開発するまでの平均時間、またプログラム実施期間中にプロトタイプを試用した顧客数などの評価指標に基づいて、進捗度を測定する。

外部の支援を仰ぐ

顧客や消費者と共創する機会を求めて、イノベーション・エコシステムを拡大する。ウェブ2・0ネットワークを活用して、イノベーションチームの規模を効果的に広げる。

大小のプロジェクトを織り交ぜる

短期のプロジェクトによる改良型のアイデアから、長期プロジェクトによる画期的なアイデアまで取り揃えたイノベーション・ポートフォリオを管理する。改良型のイノベーションを推進し、必要資金を提供してくれるよう、事業ユニットに求める。その一方、トップダウンで画期的なイノベーションに積極的に取り組む。

イノベーションのペースに合わせて予算をつくる

デザイン思考はスピーディだが、上市への道程は予測不可能である。わずらわしい予算サイクルに従うことで、イノベーションのペースに足かせを科してはならない。プロジェクトの進捗度、チャンスに関するチームの学習度に応じて、資金調達方法を再考するようにする。

才能発掘にあらゆる手を尽くす

スタンフォード大学に新設されたインスティテュート・オブ・デザインのような学際的なプログラムや、トロント大学ジョセフ・L・ロットマンスクール・オブ・マネジメントのような進歩的なビジネススクールから、優秀な人材を努めて採用する。

ただし、伝統的なデザインキャリアの持ち主でも、期待をはるかに超える解決策を推し進められる。しかるべき素養の持ち主であれば、デザイン経験がなくとも、訓練次第で優れたデザイン思考を発揮できるだろう。

サイクルに合わせてデザインする

たいてい1年から1年半ごとに人事異動がある。しかし、デザインプロジェクトにおいては、初日から実現化までにもっと長い時間を要する場合がある。

したがって、適切な人材配置を計画し、デザイン思考の持ち主が着想から観念化を経て、実現化までを担当できるようにしなければならない。サイクルを完全に一巡することで、より優れた意思決定の基盤が整い、組織にとってのメリットは大きく、それは長期的なものである。

デザイン思考を振り返る

ティム・ブラウン

タイトルの「デザイン思考を振り返る」には、二重の意味が込められている。1つ目は、2008年にHBRに寄稿した「IDEOデザイン・シンキング」という論考の影響を10年経った今日振り返ってみるという意味で、これは筆者にとって純粋にありがたいことだ。2つ目は、デザイン思考の思考ツール、方法論、考え方を実際に応用する中で得られたことを振り返り、次の機会に活かすという意味での「振り返り」だ。そのプロセス自体がデザイン思考の実践でもある。デザイン思考の知見を網羅的に調査することは不可能だが、いま現場でさまざまな課題に取り組んでいる人たちに役立つような、明確なパターンやポイントが明らかになってきている。

「デザイン思考」という言葉をつくったのは筆者ではなく、この論考を書く数十年前から言葉自体はあった。しかし当時、ビジネスや社会で、誰もが使えるイノベーション手法が切実に求められていた。驚くほどニーズは大きかった。実際、過去10年間に企業のデザインチームは劇的に増えた。IBM、SAP、フェイスブック、グーグル、Airbnb《エアビーアンドビー》などのIT企業が典型例だが、金融やヘルスケアなどの分野でも、デザイン思考を中心としたイノベーションチームが急増しており、人が生活の中で求めていること、必要に迫られていることを理解し、そこからイノベーションを起こそうとしている。さらに、ビジネススクールや経営学部以外の学部、オンライン講座などで、デザイン思考の履修コースが爆発的に増えているのは、学生がデザイン思考のスキルが就職の際に必要になると考えていることの証左である。

デザイン思考の基本的な考え方は2008年から変わっていないが、デジタル・トランスフォーメーションや最先端のソフトウェア（人工知能〈AI〉など）を使うことで、デザイン思考を適用できるスピードが加速している。SNSや行動データを取得するさまざまな手段があるため、発想支援ツールも飛躍的に機能や数が増えた。同様にデジタル技術を使って、より速く、より大規模に、アイデアを形にし、プロトタイプをつくれるようになった。実装段階でも、アジャイルなソフトウェア開発により、実装の多様性や構築の速度は私たちの期待を大きく上回るようになった。実際、アジャイルとデザイン思考が似ていることは、よく議論になる。たしかに影響し合って発展してきたが、両者は相互補完的であり、区別を曖昧なままにしておくことは混乱のもとであり、それぞれをきっちり再定義する必要がある。アジャイルはできるだけ速く、効果的に、とにかくアイデアを実装することだけに焦点を当てているのに対し、デザイン思考はアイデアの探求や実装をやりやすくするのが目的である。

テクノロジーは間違いなくデザイン思考を広めることに一役買ったが、一方で、現代の最大の課題の原因ともなっている。AIの台頭でテクノロジーの非人間的な側面はますます明らかになってきた。また、どこにいても常時接続可能なソーシャルネットワークは、人々をつなぐと同時に社会を分断してもいる。オンライン広告や、効率よく対象に届くマーケティング活動は確実に消費行動に結び付いているが、過剰消費によって、地球規模の被害が広がっていることは、もはや無視できない事実である。

今日、デザイン思考でイノベーションを起こそうとする人たちは、道徳的、倫理的なジレンマに直面せざるをえないだろう。製品に明らかに社会的な欠点がある場合でも、その製品やサービスをより魅力的にするためにデザインを使用してもよいのだろうか。SNSのタイムラインに際限なく流れて来る情報を浴び続け、社会的に孤立してしまうと、人は、有害なフェイクニュースにも気づかなくなる。SNSのデザインは人が使い続けるように巧みにデザインされているため、SNSを使っているうちに、人はますます社会的な孤立を深めることになる。同様に、優れたデザインは、そのものの本質と関係なく、ブランドの価値も高める。害を受けやすい若い消費者に、有害な電子たばこをおしゃれなものであるかのように広めてしまったのがその例だ。デザイン思考は、扱いに注意が必要な強力な武器や危険物と同様、責任を持って用いる義務がある。

以前の論考で、筆者はデザイン思考の先駆者の一人であるトーマス・エジソンが、次の2つのことを直感的に理解していると述べた。システムの力と、イノベーションを起こすにはそれをシステムレベルで行わなければならないということである。今日のイノベーターが新しい試みを検討する際には、エジソンを見習うべきだろう。

デザイン思考を学んだ人々にこそ自信を持って取り組んでほしかった10年前の重大な課題は、今日でもそのまま課題として残っている。誰もが医療や教育にアクセスしやすくし、所得格差を縮小し、気候変動や資源の枯渇の影響を是正するという課題はまだ解決にはほど遠く、それどころか絶望的に悪化しているものさえある。しかし、希望の光がないこともない。ヘルスケアの分野では、オマダヘルスのような例があり、患者が自分自身の健康状態をよりよくコントロールでき、包括的なケアに新たな焦点が当たっている。教育分野では、テクノロジーと人の働きかけを卓抜な発想で融合させ、より質の高い学習体験を低コストで提供する新しい教育モデルをデザインしたイノバスクールのような例もある。IDEOがデザインしたこれらの2つの企業の例は、デザイン思考が他と決定的に異なるソリューションを生む可能性があることを示すものだ。

しかし、まだやるべきことはあまりにも多い。とはいえ、筆者にとってそれはけっして絶望的なことではなく、新たなやる気をかき立てるものだ。デザイン思考に限界があるわけではなく、こうした試みを可能な限り効果的に、そして誰もが利用できるようにすることに、再びエネルギーを注ぐべきなのだ。

やるべきことはあまりにも多いと述べた。そのこととの関連で、もう一つデザイン思考を振り返って思ったことがある。デザイン思考はたしかに容易ではない。難しいのは当たり前だと思われるかもしれないが、デザイン思考を組織や仕事の実践に採り入れようとした人には、「難しすぎる」ということが大きな障害になっている。デザイン思考に必要なスキル、フレームワーク、手順は複雑で、最初から効果的に実際の現場で活かせることはほとんどない。たとえば、楽器の演奏や他者と深く強固な関係を築くといったような、人間にとって最も意義のある能力と同様、デザイン思考に習熟するには、時間もかかるし相当な努力をしなければならない。

今日の仕事の場では、時間をかけて何かを会得している暇はないと考えられている。私たちは、ワンクリック、アルゴリズムを起動するだけで、すぐに結果が出ることを期待している。デザイン思考の体系の中のさまざまなスキルを身につけることで、最大の恩恵を受けることができるはずなのに、意味のあるインパクトを生み出すレベルに到達する前に諦めてしまう人があまりにも多いのだ。

にもかかわらず、筆者はフィラデルフィアの救急医で、貧しい地域社会に医療を提供するため、一貫してデザイン思考を適用してきたボン・クー博士のような成功例をいくらでも挙げることができるし、人間の行動をより深く理解してイノベーションに結び付ける方法を学んだエンジニアもたくさん知っている。パワーポイントに頼らずに変化について説得力のあるストーリーを提示できるビジネスリーダーや、組織の現状を打破し、市場に大きなインパクトを与える顧客中心のイノベーションを生み出したチームもある。

　これらは根気強くデザイン思考に取り組み、その恩恵にあずかった人々のほんの一例にすぎない。彼らがデザイン思考習得のために、協調し、たゆまず努力してきた姿は、エジソンに通じるものがある。「発明は1%のひらめきと99%の努力である」で知られるエジソンの発明とは、ここではイノベーションのことである。デザイン思考を自在に操るために必要な努力についても同じことがいえる。専門知識を身につけるということは、それ自体でも得るものが多いが、筆者は環境問題や医療や教育格差など、現代の最も重要な課題にデザイン思考を適用する時、比喩的な意味でも、文字通りの意味でも、「汗をかくこと」を強く勧める。そうすれば、デザイン思考の達人になれるだけでなく、同時に、次代によりよい世界を遺すという二重の充実を味わうことができるだろう。

【注】

（1）Daniel H. Pink, *A Whole New Mind: Moving from the Information Age to the Conceptual Age*, Riverhead Books, 2005. 邦訳は２００６年、三笠書房より。

（2）Roger Martin, *The Opposable Mind: How Successful Leaders Win Through Integrative Thinking*, Harvard Business School Press, 2007.（未訳）を参照。

第**2**章

IDEO流 創造性を取り戻す4つの方法

IDEO ゼネラルマネジャー
トム・ケリー
IDEO 創設者兼会長
デイビッド・ケリー

"Reclaim Your Creative Confidence"
Harvard Business Review, December 2012.
邦訳「IDEO流　創造性を取り戻す4つの方法」
『DIAMONDハーバード・ビジネス・レビュー』2014年11月号

トム・ケリー
(Tom Kelley)
IDEO ゼネラルマネジャー。カリフォルニア大学バークレー校ハーススクール・オブ・ビジネスと東京大学のエグゼクティブフェローも兼ねる。

デイビッド・ケリー
(David Kelley)
IDEO 創設者兼会長。スタンフォード大学機械工学科ドナルド W. ウィッティア記念講座教授。同大学ハッソ・プラットナー・インスティテュート・オブ・デザインの創設者でもある。

4つの恐れが創造性を阻む

ほとんどの人間は生まれながらにして創造的である。子どもの頃は空想的な遊びを大いに楽しみ、突飛な質問をしたり、よくわからないものを描いてそれを恐竜だと言ったりする。しかし成長するにつれて、社会化や学校教育により、多くの人間のこうした衝動は抑圧されていく。もっと用心深く判断し、より慎重に、より分析的になることを学習するのだ。世界は「創造的な者」と「創造的ではない者」に分けられているように見え、圧倒的多数の人が意識的あるいは無意識的に自分は後者だと諦めてしまう。

しかし、学問分野や業界を問わず、創造性が成功のカギであることは明らかだ。世界中のCEOを対象としてIBMが行った最近の調査では、創造性は今日のリーダーに最も求められる特質である。フェイスブックやグーグルのような新興企業から、プロクター・アンド・ギャンブルやゼネラル・エレクトリックのような大手企業に至るまで、創造的思考が無数の企業の成功とその維持を可能にしてきたことは誰も否定できない。スタンフォード大学の「dスクール」(前身はハッソ・プラットナー・インスティテュート・オブ・デザインとして知られ、その創設者は本稿の共同執筆者であるIDEOのデイビッド・ケリーである)には、みずからの創造性を高めようとやってくる学生が多い。クライアントがデザインやイノベーションのコンサルティング会社、IDEOと一緒に仕事をするのも同じ理由からだ。

しかし筆者らはこれまでに、創造性を教えることが仕事ではないことを学んできた。それよりも、創造性への自信を「再発見」するための支援が求められている。新しいアイデアを生み出す生得の能力と、それを試す勇気を引き出すのだ。そのために、ほとんどの人を尻込みさせる、やっかいな未知なるものへの恐れ、評価されることへの恐れ、第一歩を踏み出すことへの恐れ、制御できなくなることへの恐れという4つの恐れを克服する戦略を授けている。口で言うほど簡単ではないと思うかもしれない。しかし、人は最も深くに根を下ろした恐れでさえ克服できることがわかっている。スタンフォード大学教授で世界的に有名な心理学者のアルバート・バンデューラの研究を考察してみよう。初期の一連の実験の中に、長年ヘビ恐怖症だった人々を対象にして、徐々にヘビと接する機会を増やすことで恐怖症を克服させる試みがあった。まず、マジックミラー越しにヘビを見ることから始める。次は開いたドア越しに観察することへと進む。次は他者がヘビに触る様子をじっくり見て、その後、厚い革手袋をつけてみずからヘビに触る。最終的に、数時間でヘビに素手で触れるようになる。

小さな成功を積み重ねていくこの経験のプロセスを、バンデューラは「案内付きの習得」と呼ぶ。これを成し遂げた人は、治療不能と思っていたひどい恐怖心がなくなっただけではない。人生の他の領域でも不安が軽減し、うまくやれるようになり、乗馬や人前で話すことなど、恐れを引き起こしかねない新しい活動を始めるようにもなったのだ。果敢に試み、より粘り強くなり、失敗した時の回復力が高まった。一度始めたことをやり通す力が自分にはあると、新たな自信を獲得したのである。

筆者らは過去30年にわたり、これと非常に似通った方法で、人々の創造性を妨げる恐れを、克服できるよう支援してきた。課題を小さな段階に分け、一つずつ成し遂げることで自信をつけていくのだ。創造性は天賦の才能だけでなく、修練するものである。このプロセスは、最初は少し抵抗を感じるかもしれないが、ヘビ恐怖症の人が学んだように、不快さはすぐに消え、新たな自信と能力に置き換えられる。

やっかいな未知なるものへの恐れ

ビジネスにおける創造的思考は、顧客（社内外を問わない）への共感とともに始まる。机に座っていては得ることはできない。たしかに、オフィスの中は快適である。すべて安心感のある慣れ親しんだものばかりだ。ありきたりの情報源から情報を集め、矛盾するデータは除去され無視される。外の世界はもっと混沌としている。予期せぬ発見や不確実性、聞きたくないことを言ってくる腹立たしい人々に対処しなければならない。しかし、そのような場所でこそ、インサイトや創造的なブレークスルーが見つかる。何かを学ぼうと思い切って足を踏み出せば、仮説を立てなくても、新たな情報に目を向けられるようになり、曖昧だったニーズを発見する助けを得られる。そうでなければ、既存のアイデアを追認するか、顧客や上司、ライバルからすべきことを教えられるのを、ただ待つことになりかねない。dスクールでは定期的に、この種の人類学的なフィールドワーク、つまり快適な場所から外の世界に出ることを学生に課している。そのうちに学生は突然、自分から外に出ていくようになる。

スタンフォード・ビジネススクール教授のジェームズ・パテルの「エクストリーム・アフォーダビリティ」というクラスを受講した、コンピュータサイエンティスト1人、エンジニア2人、MBAの学生1人のチームの例を見ていこう。彼らのプロジェクトは発展途上国の新生児のために低価格の保育器を研究し設計するものだったが、最終的にカリフォルニアの安全な都市部にいては、やり遂げられないと感じた。彼らは意を決して、ネパールの農村部を訪れた。そこに暮らす家族や医者と話をして、最も深刻な危険にさらされているのは、病院から遠く離れた地域で未熟児として生まれてくる子どもたちだと知った。ネパールの村人は、病院で使う安価な保育器を必要としていなかった。必要だったのは、医師が近くにいない時でも、彼らが手際よくやるように、新生児を確実に暖かく保つ方法だった。

チームはこのインサイトにより、小型の「スリーピングバッグ」を設計した。特殊な蓄熱性ワックスを入れた「赤ちゃん保温ポーチ」の価格は、従来の保育器の100分の1で、外部電源がなくても6時間まで適切な温度が保たれる。このイノベーションには、毎年生まれてくる数百万の低体重の未熟児を救う力がある。これはチームが慣れない場所にみずから飛び込んでいったからこそ実現したのである。

もう一つ、dスクールのローンチパッド・コースに参加したアクシャイ・コタリとアンキット・グプタという2人の学生の事例を紹介しよう。このクラスでは、10週間の学期が終わるまでに企業を一から立ち上げる課題が出された。「おたく」を自認する2人はテクノロジーに精通し、分析力も高かったが、内気だった。しかし彼らは、当時発売されたばかりのiPad用の洗練されたニュースリーダーを設計するプロジェクトを、校外のパロアルトのカフェで実施した。そこなら潜在的ユーザーがいると考えたのだ。コタリは見知らぬ人になかなか話しかけられなかったが、何とか克服し、カフェの常連客に試作品を試してもらい、フィードバックを集めた。グプタは何百もの小さなバリエーションをコーディングし、毎日テストした。操作パターンからボタンの大きさまですべて変えて試した。数週間で、彼らなりのやり方を素早く繰り返し、申し分ない製品へと近づけた。「最初は『これは使いものにならない』と言われましたが、やがて『これはiPadに最初から組み込まれているのか』と聞かれるようになりました」とコタリは語る。最終的に彼らの「パルス・ニュース」は、わずか数カ月後に開催された世界開発者会議でスティーブ・ジョブズから表彰を受け、1500万人がダウンロードし、アップルの殿堂入りアプリの最初の50に入った。

「やっかいな所」に飛び込むべきなのは、起業家や製品開発者だけではない。シニアマネジャーもまた、みずからの決定が影響を及ぼす相手の声に、直接耳を傾けなければならない。たとえば、IDEOがコナグラ・フーズのために開催したマネジメント向けオフサイトミーティングの途中で、経営幹部は豪華な会議室から抜け出してデトロイトの埃だらけの街を探索に出かけた。そこでは数マイル歩いても食料品店が見つからなかった。彼らはその街の住人が食品にどのように反応するかを自分の目で確かめ、放置された区画をコミュニティの菜園に変えたいと望んでいる都市部の農業従事者と話をした。コナグラ・フーズの研究・品質・イノベーション担当エグゼクティブバイスプレジデントであるアル・ボレスによれば、同社では現在、こうしたやり方が一般的になっているという。「数年前は、当社の経営チームをオフィスから連れ出すのは難しいことでした。しかしいまでは、顧客が本当に必要としていることを知るために思い切って外に出て、顧客の本拠地に乗り込んでいきます」

評価されることへの恐れ

お絵描きをして歌ったり踊ったりする幼稚園児が自由な創造性を象徴するならば、不器用な10代の少年少女はその対極にある。彼らは他人がどう思うかが心から気になる。わずか数年で評価されることへの恐れが発達するが、それは大人になってからも続く。それがキャリアの阻害要因となることも多い。

大半の人間は、たとえばスキーの練習では、転倒する姿を他人に見られてもかまわないと感じる。しかし、ビジネスの世界では、自分を同じようなリスクにさらすことはできない。その結果、上司や同僚に失敗する姿を見られまいと、自分を曲げて創造性を秘めたアイデアを押し殺す。「安全な」解決法や提案にしがみ付く。そして後ろに下がって、他の人がリスクを取るのを眺めている。しかし常に自分を検閲しているようでは、創造的になれるはずがない。戦いの半分は、自分を評価しないようにすることだ。直観に従ってアイデア（良いものも悪いものも）をもっと受け入れるようになれば、恐れの一部はすでに克服されている。バンデューラの患者たちのように少しずつ進めばよい。

思い付いた考えを消えていくままにせず、メモ帳に書くなどして体系的につかまえる。浴室にホワイトボードとペンを設置し、毎日の予定表に思考や散歩、空想のための「空白の時間」をつくる。アイデアを生み出そうとする時は、10個ではなく100個挙げてみよう。評価は後回しにすれば、週末にはどれだけ多くのアイデアを持っているか、気に入るアイデアがあるかに驚くことだろう。

また、フィードバックする場合も、月並みな言葉は使わないようにし、協働者にも同じことを勧めるとよい。dスクールのフィードバックでは、「それはうまくいかない」などの否定的評価をただ伝えるようなことはしない。通常、「よい点は」から始め、「～だとよい」へと移行する。最初は肯定的なフィードバックで始め、次に一人称を使い、「これは私個人の意見にすぎませんが、お役に立てればと思っています」と、聞き手がアイデアをより受け入れやすい形で提案するのである。

筆者らは最近、ニュージーランド航空と、長距離便の顧客体験の改革に取り組んだ。規制が厳しい業界であるため、航空会社は保守的な傾向がある。懐疑主義と慎重さという文化規範を克服しようと、突拍子もないアイデア創出を狙いとするワークショップを始めた。ブレインストーミングを行い、経営幹部に、型にはまらない（一部はおそらく実行不可能な）コンセプトをたくさんつくってもらった。なかには乗客を立たせたまま支える安全帯、テーブルを囲んで向き合うグループ用座席、さらにはハンモックや2段ベッドまで挙がった。誰もが意見を出すので、評価されることを恐れる人はいなかった。

突飛な意見を積極的に考え、判断を保留することにより、ニュージーランド航空のチームは最終的に創造的なブレークスルーを遂げた。それは、エコノミークラス用のフラットシート「スカイコーチ」である。最初は、占有スペースを拡張しなければこうした座席をつくることは不可能だと思われた（ビジネスクラスやファーストクラスの座席はずっと広いスペースを取っている）が、新しいデザインによって実現した。パッドを厚く敷いたフットレストに当たる部分を持ち上げ、機内の座席を和布団のような水平シートに変えて2人が横になれるようにしたのである。スカイコーチは現在、ニュージーランド航空の多くの国際線に導入され、業界賞をいくつも獲得している。

第一歩を踏み出すことへの恐れ

創造的なアイデアを活用したいと思っても、それを実践するには独特の難しさがある。創造的な仕事は初めが最も難しい。作家が白紙を前にしている時、教師が学期の初めに教室に向かう時、ビジネスパーソンが新規プロジェクトの初日を迎える時などがそうである。広い意味では、これもまた、新たな道を示すことや、予想可能な作業の流れから抜け出すことへの恐れといえる。

この惰性を克服するには、よいアイデアがあるだけでは十分ではない。計画を立てるのはやめて、ただちに始める必要がある。最善の方法は、大きな課題全体に照準を合わせるのではなく、すぐに取り組める小さな断片を見つけることだ。ベストセラー作家のアン・ラモットは、子ども時代の逸話からこのアイデアを巧みに表現している。彼女の兄は学校で鳥に関するリポートの宿題を出されていたのだが、提出日の前夜になるまで取りかからなかった。兄は目の前の課題に圧倒され、泣きそうになっていたが、父親は賢明な助言をした。「一羽ずつやっていこう。一羽ずつだよ」

ビジネスの文脈では、次のような問いかけで最初の一歩を踏み出せばよい。低コストの実験はどんなものか。より大きな目標に近づく最短かつ最も安価な方法はどれだろうか。

あるいは、dスクールの卒業生でWNYCラジオ局シニアエディターのジョン・キーフのように、とうてい不可能な期限をみずからに課してみる。自分の母親は市バスの停留所にいるが、次のバスが来るまでどれだけ待つことになるかわからないと、同僚がぼやいた時に、キーフはそれを実践した。あなたがニューヨーク市交通課の職員で、上司から対処を命じられたら、システムの立ち上げ・稼働に何日かかると請け合うだろうか。6週間か、10週間か。交通課勤務でも何でもないキーフは、「丸1日の猶予をください」と答えた。彼は800で始まるフリーダイヤル番号を購入し、リアルタイムでバス情報にアクセスできるようにして、それをテキスト音声変換技術にリンクさせた。そして、バス利用者が電話をかけ、停留所番号を入力し、次のバスの位置を問い合わせるサービスを24時間以内に設定した。キーフはWNYCでも同様の恐れを知らぬ姿勢で働いている。「私が発見したデザイン思考を実践する最も効果的な方法は、口で言うのではなく、やってみせることです」と彼は説明する。

「簡単なことから始める」戦略の別の事例には、IDEOが行った欧州の高級車に装備する新しいダッシュボードの開発プロジェクトがある。アイデアを試すために、デザイナーは既存車種のビデオを撮った後、デジタル効果を使って提案する機能を重ねていった。このラピッド・プロトタイピング・プロセスは1週間もかからなかった。ビデオを見ると、クライアントは笑ってこう語った。「私たちも前回同じようなことをしましたが、試作車の完成にほぼ1年、100万ドル以上の費用がかかりました。その後でビデオを撮ったのです。皆さんは車を抜かして、すぐにビデオに取り掛かったのですね」

筆者らの合い言葉は「準備などはやめて、始めよう！」だ。ごく小さな一歩にして、ただちに始めるようみずからに強いる。そうすれば、最初の一歩ははるかに恐ろしいものではなくなる。先伸ばしにして不安が膨らむのを待たずに、ただヘビに一インチ近づくことを始めよう。

制御できなくなることへの恐れ

自信とは、単純に自分のアイデアがよいものだと信じることではない。うまくいかないアイデアは捨て去り、他者のよいアイデアを受け入れる謙虚さを持つということだ。現状維持を捨て去り、協力して取り組めば、自分の製品やチーム、事業のコントロールを断念することになる。しかし、それによって創造的な面で得るものは大きい。

繰り返しになるが、始まりは小さくてよい。難しい課題に直面しているのならば、そのテーマは初めてだという面々を会議に招集してみよう。あるいは参加者のうち一番の若手に議題の設定と進行を任せ、週次会議のマンネリ化を打破しよう。主導権を譲って異なる視点を活用するチャンスを探すのである。

2007年に雪嵐のためにJFK国際空港が6時間閉鎖され、その後6日間にわたり旅客機運行に混乱が生じた時、ジェットブルー航空の空港計画担当ディレクターのボニー・シミが行ったのが、まさにこれである。解決すべき業務上の問題があることは、誰もがわかっていたが、何をすべきかをはっきりと知っている人はいなかった。

dスクールのコースを終えたばかりのシミは、トップダウンではなくボトムアップで、解決策についてブレインストーミングすることを提案した。まず、最前線の従業員（パイロット、客室乗務員、運航管理者、制限区域内作業員、乗務員スケジュール管理者、その他のスタッフ）120人のチームを1日だけ招集した。次に、復旧に必要な活動（黄色の付箋）と、直面する困難（ピンクの付箋）を洗い出した。その日が終わる頃には、シミの草の根的なタスクフォースは新しいインサイトに到達し、決意を新たにした。各部署に戻った参加者たちは、その後の数カ月間、1000を超えるピンクの付箋の課題に取り組み、それぞれを創造的に解決した。答えはみんなの中にあると認めることで、シミは独力では成しえないことをやり遂げたのである。ジェットブルー航空はいまや、大きな混乱が生じた場合に以前よりも格段に早く復旧できるようになった。

同じくもう一例挙げると、筆者らのオープン・イノベーション・プラットフォーム「オープンIDEO」における経験である。この立ち上げは2つの点で非常に危うさを秘めていた。第1に、すぐに収拾がつかなくなりかねない公開対話を始めていたこと。第2に、筆者らがすべての答えを持っているわけではないと認めていたことである。しかし、バンデューラの恐怖症克服のように、ヘビに触るという大きな躍進を遂げる準備ができていた。そして、すぐに利点も見つかった。現在、オープンIDEOのコミュニティには170カ国から約3万人が参加している。彼らは直接顔を合わせることはないかもしれないが、さびれつつある町の再活性化支援から、コロンビアにおける妊婦向け超音波サービスの試作品づくりまで、すでにいくつもの取り組みで力を発揮している。どのグループに属し、どこで働いているかに関係なく、アイデアは常に内部よりも外部にあることを筆者らは学んできた。

＊　＊　＊

コタリ、グプタ、キーフ、シミと同じくさまざまな経歴の人々にとって、恐れ、つまり、やっかいな未知なるもの、評価されること、第一歩を踏み出すこと、制御できなくなることへの恐れが、イノベーションへの道を妨げてきたのかもしれない。しかし、学生たちは恐れを克服しようと努力し、創造性への自信を取り戻し、変化を起こしたのである。ハンガリーの作家コンラード・ジェルジュはかつて「勇気とは、小さな一歩の積み重ねにすぎない」と述べていた。したがって、スタートラインで待っていてはいけない。恐れを振り払い、創造性について自信を持つための訓練を今日から始めよう。

やっかいなことに取り組む時は、一歩ずつ

キャロライン・オコナー（ハッソ・プラットナー・インスティテュート・オブ・デザイン　講師）
サラ・スタイン・グリーンバーグ
（ハッソ・プラットナー・インスティテュート・オブ・デザイン　マネージングディレクター）

小さなことから始めることで、たいていの人は、尻込みするような大きな恐れに立ち向かうための自信をつけられる。やっかいな未知なるものに挑むことが嫌ではなくなる方法を、いくつか紹介しよう。このリストは徐々に難しくなっていくが、最初の2つの提案は机に座っていてもできる。

1　オンラインフォーラムに潜り込む

潜在顧客の情報交換や不満に耳を傾け、質問してみる。にぎわうカフェで人々の話を聞くことのバーチャル版である。機能やコストの評価を探るのではなく、人々の関心事や要望について手がかりを探す。

2　自社の顧客サービスに電話をかける

顧客になったつもりで、自分の問題がどのように扱われるか、その過程でどのように感じるかに注意しながら体験する。

3　意外な専門家を探す

自社の顧客経験に関して、ビルの受付担当者は何を知っているだろうか。出張に車をチャーターする場合、自社について運転手はどんな見識を持っているだろうか。医療業界であれば、医者ではなく医療補助者に話を聞こう。製造業であれば、どこに故障が出やすいか修理工に尋ねてみよう。

4　スパイに扮する

雑誌を持ちヘッドフォンをつけて、店舗や業界の会合に出かけてみよう（顧客が社内の人なら、休憩室や食堂に行ってみる）。雑誌を読むふりをしながら観察する。子どもになったつもりで見学し、何が起こっているかを理解する。あなたが提案したものについて、みんなどんなやり取りをしているか。身ぶりからどのような情報が集められるか。

5　顧客あるいは潜在顧客に非公式のインタビューをする

思い切ってやってみることに慣れてきたら、次のことをやってみよう。自社の製品やサービスについて自由形式の質問をいくつか書き出す。顧客が集まりそうな場所に出かけ、話しかけやすい人を見つけ、いくつか質問をしてよいかと尋ねる。拒絶されるかもしれないが、気にしないで、次の人を当たろう。ついに、あなたと話をしたがっている人が見つかったなら、どの質問もしつこく詳細に聞こう。自分が理解できたと思った場合でも、「なぜそうなのですか」、「もっと詳しく教えていただけますか」と尋ね、相手が暗黙のうちに前提としていることを掘り下げていく。

第3章

IDEO流
実行する組織のつくり方

IDEO CEO兼社長
ティム・ブラウン
トロント大学 ロットマンスクール・オブ・マネジメント 教授
ロジャー・マーティン

"Design for Action"
Harvard Business Review, September 2015.
邦訳「IDEO流 実行する組織のつくり方」
『DIAMONDハーバード・ビジネス・レビュー』2016年4月号

ティム・ブラウン
(Tim Brown)
国際的なデザインコンサルティング会社 IDEO の CEO 兼社長。著書に *Change by Design*, HarperBusiness, 2009.(邦訳『デザイン思考が世界を変える』早川書房、2010 年)がある。

ロジャー・マーティン
(Roger Martin)
トロント大学ロットマンスクール・オブ・マネジメント教授で、元同学長。共著に *Playing to Win*, Harvard Business Review Press, 2013.(邦訳『P&G 式「勝つために戦う」戦略』朝日新聞出版、2013 年)など。

製品からユーザー体験、戦略、思考法まで広がるデザイン

歴史上、デザインというのはほぼ例外なく、物質的なモノを対象とした作業であった。レイモンド・ローウィは機関車を、フランク・ロイド・ライトは建物を、チャールズ・イームズは家具を、ココ・シャネルは高級婦人服を、ポール・ランドはロゴをデザインした。デイビッド・ケリーがデザインしたのは、アップル製コンピュータのマウス（これが最も有名）などの工業製品だ。

しかし、多くの商品の成功要因の一つが優れたデザインであることが明らかになるにつれ、企業はより多くの面でデザインを採り入れ始めた。ハードウェア（たとえばスマートフォンの形状やボタンなどの配置）のためにデザイナーを雇っていたハイテク企業は、ソフトウェアの使い勝手に関しても、見た目や全般的な操作性をデザイナーに設計させるようになった。

次にデザイナーに求めたのは、ユーザー体験の向上にも貢献することだった。じきに企業は、企業戦略の策定さえもデザインの応用問題だと見なすようになった。さらにいまでは、多種多様な利害関係者と組織が絡むシステムをスムーズに動かすためにデザインが利用されることさえある。

これは知性が発展していく際の典型的な道筋だ。右記のそれぞれのデザイン作業は、いずれもその前にあった作業より複雑かつ高度になっている。前の段階で学んだことによって次の段階が可能になった。デザイナーは、ハードウェアの設計をしていたからこそ、その上で動くソフトウェアのグラフィカル

ユーザーインターフェース（ＧＵＩ）に簡単に頭を切り換えることができた。また、コンピュータ利用者のユーザー体験向上に丹念に取り組んだおかげで、患者の病院訪問といった非デジタルのユーザー体験にもたやすく挑戦できた。

そして、単一の組織内でユーザー体験をどう再設計するかを学んだデザイナーは、複数の組織が絡むシステム内でのユーザー体験にも、より上手に対応できるようになる。たとえばサンフランシスコ統一学区（ＳＦＵＳＤ）は最近ＩＤＥＯの協力を得て、同学区内にあるすべての学校でカフェテリアのユーザー体験を再設計している。

デザインが製品の世界から大きく踏み出してきた結果、デザインのためのツールも新しい世界に適応・拡張して独自の分野を生み出した。すなわち「デザイン思考」である。

そのきっかけとなったのは、ノーベル賞受賞者のハーバート・サイモンが１９６９年に書いた古典『システムの科学』だろう。同書はデザインを物的作業よりもむしろ思考方法として扱っている。またリチャード・ブキャナンは、新たな地平を切り開いた１９９２年の論文“Wicked Problems in Design Thinking”（「デザイン思考のやっかいな問題」）の中で、極端に根深く困難な問題の解決にデザインを利用することを提唱した。

一方、デザイン作業の複雑さが増したことで、新たなハードルも生まれた。製品、ユーザー体験、戦略、はたまた複雑なシステムを問わず、いわゆる「デザインされた人工物」を関係者が受け入れるかどうか、という問題である。

本稿では以下、この新たな問題の難しさを説明するとともに、戦略やシステムのイノベーターたちが夢見てきた新しい世界の実現にデザイン思考がいかに絡むのかを解説する。非常に複雑な人工物の場合、その「導入の仕方」のデザイン、すなわち現状に対して新しい人工物をどのように導入し、周囲に溶け込ませていくかを描くことこそ、人工物自体のデザインよりも成功にとって重要である――これが筆者らの主張である。

大規模なデザイン刷新は2つのタスクに分解する

企業が自社の既存製品と似た新製品を発売する場合、普通は前向きに受け止められる。たとえば既存の自動車モデルのハイブリッドバージョンを売り出すような場合だ。これは同社に新たな収益をもたらすが、マイナス面はほとんどない。新モデルは会社組織にも社員の働き方にも大きな変化はもたらさない。したがって、このデザインは本質的に、誰かの仕事や既存の権力構造を脅かすことはない。

もちろん何か新しいものを打ち出す場合、心配は常につきまとう。新しいハイブリッドバージョンは市場に受け入れられないかもしれない。そうなれば損失は大きく、苦しむことになる。もしくはハイブリッドのせいで他の自動車モデルが段階的に縮小されることになり、旧型モデルの愛好者が不安になるかもしれない。

とはいえデザイナーは普通、こうしたことを心配しない。デザイナーの仕事は真に素晴らしい新車をつくり出すことであり、そうした影響の尻ぬぐいはマーケティング部門や人事部門といった他の人々に任せているからだ。

ところが、「デザインされた人工物」が複雑で実体がつかみにくいものであればあるほど、デザイナーはそのデザインがもたらす影響を無視できなくなる。ビジネスモデルそのものを変更する必要が生じる場合さえある。新しい人工物の導入には、デザインへの注意が必須なのだ。

実例を挙げよう。数年前、生命保険のマスミューチャルは、40歳未満の若い世代向けに生命保険が必要だと納得させる革新的な売り込み方を模索していた。それが難しいことは、業界では以前から広く知られていた。通常なら、その世代に向けた独自の生保商品をデザインし、それを旧来通りの売り方で販売しただろう。

しかし、マスミューチャルはそれではうまくいかないだろうと判断した。そこで同社はＩＤＥＯと手を組み、まったく新しいタイプの顧客経験をデザインした。重視したのは、長期的なフィナンシャルプランニングについて人々に知ってもらうというものだった。

こうして２０１４年10月に立ち上げた「大人のためのクラブ」は人々から〝真のオトナになるための修士課程〟として認知された。同社はこれを純粋にオンラインだけの教育課程として提供するのではなく、顧客が複数のチャネルを通して体験できるようにした。

家計の予算作成とフィナンシャルプランニングのための最先端のデジタルツールを用意し、支店には顧客が来店して利用するための教室と図書室を設け、４０１ｋ（確定拠出型年金）への投資方法から良質のワインの買い方まで、あらゆることを学べるカリキュラムを用意した。このやり方は、それまでのマスミューチャルの社内常識と仕事の進め方を大々的に破壊した。

また、新しいブランドとデジタルツールに加えて、働き方まで新しくする必要があった。この新サービスのため、同社は組織のすべての面をデザインし直さなければならなかった。なぜなら、サービス開始後、利用者が何を求めているのかが判明するのに合わせて、サービス内容を進化させていく計画だったからだ。

さて、話が非常に複雑な人工物（たとえば「あるビジネスのエコシステム全体」）になってくると、今度は新しいデザインをいかにそこに融合していくかということが、さらに難しい問題としてのしかかってくる。

たとえば「自動運転する乗り物」の市場投入を成功させるには、自動車メーカー、技術供与者、規制当局、自治体および政府、サービス企業、そしてエンドユーザーのそれぞれが新しい方法のために協力し、行動パターンを変える必要があるだろう。リスク計測のため保険会社は自動車メーカーやユーザーとどのように共同作業をすればいいのか。自動運転する乗り物から得られたデータを、交通量管理のために各方面で利用する際にプライバシーをどう守ればいいのだろうか。

これだけの規模のデザイン刷新となれば、誰もが躊躇する。真に革新的な戦略やシステムが、どんな形であれ一度も試されることなく、お蔵入りになってしまうケースが多いのもよくわかる。とはいえ、大規模なデザイン刷新において同時並行で起きる2つの課題――人工物自体のデザインと、そのデザインに命を吹き込む導入方法のデザイン――を切り分けて処理すれば、刷新を根付かせられる可能性は高まる。

導入方法そのものをデザインする

新しい人工物に対する顧客の反応をなるべく正しく理解し予測する手段として、試作の繰り返しがデザインの工程に組み込まれ、「導入デザイン」は発展した。

昔ながらの手法では、製品開発者はまずユーザーを研究して製品企画を仕上げることから手をつけた。その後、努力を重ねて素晴らしいデザインを創り出し、市場投入に至るという流れだった。

だが、IDEOが広めたデザイン優先の手法は違う。ユーザーを理解するための作業が、定量的・統計的というよりも、もっと深くてエスノグラフィー(民族誌)を著すようなアプローチなのだ。

当初はこれが古い手法と新しい手法の大きな違いだった。しかし、事前にどれほど深くユーザーのことを理解しても、デザイナーは最終製品ができ上がるまでユーザーの反応を正しく予測することができないことにIDEOは気づいた。そこでIDEOのデザイナーたちはさらに早い時点からユーザーと関わるようになった。早めのフィードバックを得るため、試作品がまだ荒削りの段階からユーザーに見せるのだ。そしてこの作業を素早く何度も繰り返し、最終的にユーザーがその製品に満足するまで着実に改善を重ねる。

こうしてIDEOの顧客企業がその製品を実際に市場投入する頃には、成功は保証されたのも同然になっている。この現象が注目を集めたこともあり、素早い試作品づくりはベストプラクティスの一つとなった。

試作品づくりを素早く何度も繰り返すことで改善されるのは、デザインの対象となる人工物だけではない。その人工物を市場投入するための予算や組織的支援を獲得するうえでも役立つことが明らかになった。

新製品、なかでも革新的なものほど、経営陣にとってはゴーサインを出すのが大きな賭けになる。未知のものに対する恐怖心から新しいアイデアが潰されることは多い。だが素早い試作品づくりで、新製品チームは市場での成功に自信を持てるようになる。この効果は、複雑で実体をつかみにくいデザインであるほど重要性が増すことが判明した。

たとえば企業戦略の策定を考えてみよう。旧来型のやり方であれば、社内もしくはコンサルタント会社のストラテジストを使って問題点を洗い出し、解決策を考えさせ、それを担当幹部に対して提案する。すると、担当幹部はおおむね次のいずれかの反応をする。①この解決策では、私が最重要だと考える問題を解決できない。②私が洗い出しをしていれば、こうした問題は選ばない。③私なら別のテーマを検討しただろう。④この解決策には私を動かすほどの説得力がない——。こうして新戦略の成功に必要な支援を得られることは、当たり前ではなくむしろ例外となりがちだ。新戦略の導入が現状を大きく変える場合はことさらである。

この場合の正しいやり方は、意思決定権者と対話を繰り返すことである。具体的には戦略デザイナーが担当幹部の元に前もって出向き、次のように言うのである。

「我々の見解では、これが解決すべき問題点だと思いますが、あなたの見方とどの程度一致していますすか」。そしてあまり時間を置かずに、戦略デザイナーたちは再び担当幹部にこう伝える。「前回あなたと我々で合意した問題点の洗い出しを前提にして、我々が検討したいと考えるテーマの候補はこれらです。あなたの考えていたテーマとどの程度一致していますか。何か我々が見逃しているテーマはありますか。あなたにとって検討に値しないと思えるテーマはありますか」――。

その後で戦略デザイナーたちはもう一度担当幹部を訪問してこう言う。「先日我々は、検討する価値があるテーマ候補について合意しました。それに基づき、我々はこのような調査研究を行うつもりです。あなたが我々の立場ならこれと同じような内容の調査研究を行うでしょうか。何か見落としているものはありますか」

このようなやり方をしておけば、実際に新戦略を提案するという最終ステップは儀式と同様になる。新戦略にゴーサインを出す権限を持つ当該幹部は、すでに問題の洗い出しとテーマ候補の確認、そして調査研究内容の確定に関与しており、最終的に提案される新戦略の方向が予期せぬショックを受けることはない。新戦略を策定する過程で少しずつ担当幹部の肩入れを勝ち取っているからだ。

新しい挑戦が組織や制度に変化をもたらす場合、たとえば新種の事業を立ち上げるとか、新しいタイプの学校を設立するなどの場合は、前述のような早い段階からの対話の対象範囲をさらに広げ、主要な利害関係者すべてを巻き込む必要がある。ここで、このような「導入デザイン」の一例を詳しく見てみよう。いまペルーで起きている、ソーシャルエンジニアリングの大々的な実験に関わる実例である。

新しいペルーをデザインして中産階級を育成する

インテルコープ・グループはペルー最大級の企業だ。さまざまな業界で30近い企業を傘下に置く。CEOのカルロス・ロドリゲス＝パストール・ジュニアは、父親からこの企業集団を引き継いだ。父親はかつて政治亡命者だったが、1994年にペルーに帰国すると企業連合を率いてペルー最大級の銀行バンコ・インテルナショナール・デ・ペルーを政府から買収する。ロドリゲス＝パストールは彼の父が亡くなった1995年にこの銀行の経営権を承継した。

ロドリゲス＝パストールは単なる銀行家で終わるつもりはなかった。ペルーに中産階級を生み出すことで、国の経済を一変させたいという大志を抱いていた。新たに「インテルバンク」と社名変更した銀行で、彼は中産階級のために仕事を生み出すと同時に彼らのニーズに応えるチャンスを見出した。

とはいえ、その目標を達成するには、新興経済圏で目立つ同族支配の巨大コングロマリットに特徴的な「偉大なる男」タイプの戦略ではうまくいかないということを、彼は最初から理解していた。多くの利害関係者との関係づくりを慎重に画策する必要があるだろうとわかっていたのだ。

イノベーションの文化の種を蒔く

最初の課題は銀行の競争力強化だった。ロドリゲス＝パストールは、隣の大陸にある一流の金融市場、すなわち米国からアイデアを得ようと決めた。彼は米国証券会社のあるアナリストを説得して、その会社の投資家めぐりに自分も同行させてもらう。インテルバンクは証券会社の顧客ですらなかったのだが。もし社会に変革を引き起こすきっかけとなるような事業を立ち上げたいと願うなら、自分一人でそれなりの知見を吸収して自国に持ち帰るだけではダメだ――。ロドリゲス＝パストールはそう気づいた。

ただ自分のアイデアを押し付けるだけなら、主に自分の持つ権威によって人々は賛同するだろう。だが、それは社会変革につながる方法ではない。自分の腹心の幹部たちにも知見を得る力を身につけてもらう必要がある。そうすれば彼らも、この大志の実現に近づく機会を見つけ出し、チャンスを逃がさないようになる。そこで彼はくだんのアナリストに頼み込み、投資家めぐりに自分の腹心4人も同行することを認めさせた。

このエピソードは、戦略策定に全員参加型で取り組むロドリゲス＝パストールの姿勢を象徴している。これにより彼は強力かつ創造性に富むマネジメントチームをつくることに成功し、インテルバンクに競争力の基盤をもたらすと同時に、スーパーマーケット、デパート、薬局、映画館といった中産階級のニーズを満たすさまざまな事業を行う多様性を会社にもたらすことになった。

インテルバンクを中核とするこの企業グループは2015年までにおよそ5万5000人の社員を擁し、50億ドルの収益を見込むほどに成長した。

この間、ロドリゲス＝パストールは、経営陣の教育にも徐々に投資を拡大していった。毎年マネジャーを一流の学校や企業（たとえばハーバード・ビジネス・スクールやIDEO）のプログラムに参加させ、こうした組織と手を組んでインテルコープのための新しいプログラムを開発しては、うまくいかなかったアイデアを放棄し、役立ったアイデアにはさらに磨きをかけていった。

ごく最近の例では、インテルコープはＩＤＥＯと協力して独自のデザインセンター「ラ・ビクトリア・ラボ」を立ち上げた。同ラボはリマでも勢いのある新興エリアに居を構え、発展中の都市型イノベーションハブの中核拠点として機能している。

だが、中産階級の顧客を対象とする革新的な企業グループを築き上げただけでロドリゲス＝パストールは満足しなかった。社会変革を目指す彼の計画に従えば、次は従来の事業領域の外側へとインテルコープを進める段階だった。

サイフだけでなく心もつかむ

中産階級が育つには優れた教育が不可欠だが、ペルーはこの領域で大幅に遅れている。公立の学校はお粗末な状況であり、子どもたちにいずれ中産階級として必要となる知識を身につけさせるという点では私立も公立と大差ない。教育が改善されない限り、生産性向上と繁栄の好循環が発生する見込みはなかった。このためロドリゲス＝パストールは、インテルコープが教育事業に参入し、中産階級の親を対象に価値提案をしていかねばならないと決心した。

このベンチャー事業を社会的に受け入れてもらうことこそ真の難題であった。というのも、教育というのは例外なく多数の既得権益がからむ地雷原なのだ。だからこそ、同社の教育事業の成功には、「導入デザイン」が決定的に重要となる――。

ロドリゲス＝パストールはＩＤＥＯと緊密に協力し、「導入デザイン」の綿密な計画を描いた。最初に手をつけたのは、巨大な企業グループが子どものための学校を運営するという考えに反対する見込みの高い利害関係者に事前に根回しをすることだった。この種の計画は、民間ビジネスに寛大な米国のような国においてさえ議論紛糾するものだ。

インテルコープの最初の取り組みは、2007年に「足跡を残した先生」賞を創設したことだった。これはペルー国内25の地域ごとに最も優れた教師に贈られる。この賞はあっという間に有名になった。理由の一つは、受賞した教師に1台ずつ自動車を贈呈したからだ。この取り組みによって、インテルコープがペルーの教育改善を心から願っていることが示され、同社が系列の学校を運営するのを教師・公務員・親たちが心理的に受け入れることに一役買った。

次に、2010年になってインテルコープは、起業家のホルヘ・イズスキ・チェスマンが経営する「サン・フェリペ・ネリ」という小規模な学校事業を買収した。当時チェスマンは学校を1つ開校させ、さらに2つを開校に向けて準備中と、彼なりの成長計画を持っていたのだが、インテルコープのペルーにおける大規模事業立ち上げの経験をもってすれば、チェスマンの構想をはるかに超える事業に育てることも可能だった。

とはいえ、それにはビジネスモデルを再設計しなければならない。それまでのビジネスモデルは高いスキルを持つ教師を必要としたが、そのような教師はペルーでは数少ない。そこでロドリゲス＝パストールは、自社の他の事業領域からマネジャーを呼び集め――たとえば銀行からはマーケティングの専門家、スーパーマーケットチェーンからは施設の専門家――IDEOと協力して新しいビジネスモデルを構築した。中産階級の家庭でも負担できる学費で優れた教育を提供しようという「イノバ（Innova)

スクール」である。

担当チームは、6カ月に及ぶ人間中心のデザインプロセスに着手した。数百人の生徒、教師、親、その他の利害関係者とやり取りして、彼らのニーズとモチベーションを探り、教育手法の実験に彼らを巻き込み、教室内の配置や生徒・教師間の対話に関して彼らからフィードバックを求めた。

その結果生まれたのが、米国のオンライン教育の先駆者「カーンアカデミー」といったプラットフォームも利用できる最新技術対応型モデルだ。このモデルにおいて、担任教師は唯一無二の教え役というよりも学習の促進役に近い役割となる。

このケースで「導入デザイン」が解決すべきと予想された難題は、自分の子どもが教室でノートPCから学ぶことに反対する親がいる点と、学びを指導するのでなく補助するという考え方に反発する教師がいる点だった。

そこでイノバスクールは6カ月の準備期間後に本格的な試運転を行い、親と教師を巻き込んでデザインと運営に参画してもらった。

この試運転によって、生徒も親も教師もこのモデルが非常に気に入ったことがはっきり示されると同時に、いくつかの前提はまったく的外れだったことが明らかになった。生徒の親たちは、この教え方に反対しなかったのだ。それどころか試運転が終了しても引き続きノートPCを使わせてほしいと要望した。また、生徒の85%は授業時間以外でもノートPCを利用していた。

試運転から得られた発見をもとに、このモデルに細かな修正が加えられた。そして関与した親と教師のいずれもが、イノバスクールの素晴らしさを周囲に喧伝する熱心な支援者となったのである。

クチコミの評判が広がると、開校さえしていない段階でイノバスクールの生徒募集枠は埋まってしまった。同校の革新性が評判になったおかげで、公立学校より給与が安いにもかかわらず、ここで働きたいという教師も大勢現れた。現在、イノバスクールは29校が開校済みで、2020年までに70校という目標に向けて順調に発展中だ。いずれペルーのすべての地域に進出し、外国市場にさえ進出しようと計画している。

富を拡散する

ビジネス界の常識に従っていれば、インテルコープはペルーの首都リマの裕福な地域に業務を集中していたことだろう。中産階級が自然発生的に育ちつつあったからだ。だがロドリゲス＝パストールは地方にも中産階級が必要であると認識していた。

地方で中産階級を育てるには雇用創出が必要だ。インテルコープが地方に雇用を生み出す方法の一つは、2003年にロイヤル・アホールドから買収して「スペルメルカドス・ペルアノス」と社名変更した、スーパーマーケットチェーンを進出させることだった。

2007年、同チェーンは地方への出店を始めた。地元の消費者は歓迎した。ワンカヨに新規開店した際には物見高い顧客が列を成し、入店まで1時間以上もかかった。彼らの多くにとって現代的な小売店に接する初めての経験だったのだ。2010年までに同チェーンは9つの地域で67店舗を営業するようになった。現在はペルー全土に102店舗を誇るまでになっている。

インテルコープは早い段階から、この種の小売りの新規事業には地域コミュニティを豊かにするどこ

2012年 11月
プログラムの試運転

2つの学校でそれぞれ7年生1クラスずつを対象に全面的な試運転が始まった。新しい教育手法を徹底的に叩き込まれた教師が担当し、彼らから意見や改善点の提案を受けて即座に教育モデルを修正する作業が、何度も繰り返された。

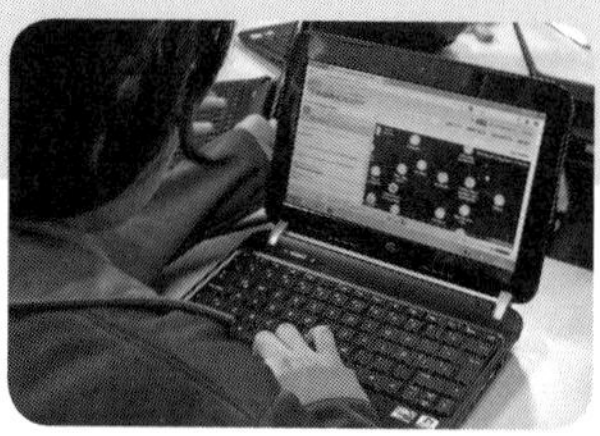

2013年 〜 現在まで
学校の実現、そして発展

現在、イノバスクールの全29校で最新技術対応型教育モデルが実施されている。同校は、940人を超える教師がこの新しい教育手法を活用できるよう、たえず彼らと協議を続けている。また、親を巻き込むための会議を定期的に開催し、教師やコーチ役、生徒からはフィードバックを求めながら、一貫してこの教育手法とカリキュラムを続けている。

図表3｜イノバスクールの「導入デザイン」

舞台を整える

イノバスクールは、「手頃な価格の教育をペルーにもたらす」という構想に着手するため、まずは地域の生徒とその親に向けて、同校の双方向の教育手法についての説明会を開催した。

2011年 9月
新しい教育モデルのデザイン

立ち上げチームが最初にしたことは、どうしたら教師と生徒と親たちを引き込む仕組みをつくれるのかを見つけ出すため、イノバスクールに関わる多くの利害関係者について、その暮らしぶりや彼らの意欲をかき立てるものを実地調査することだった。

教室内の配置、カリキュラム、教育手法、そして教師の役割について、デザインの最終案がまとまった。

教師を“教壇の上に立つ聖人”から“横に寄り添うガイド役”に変えるような「最新技術対応型の教育モデル」というアイデアを核に、具体像が見え始めた。これなら手頃な価格も実現できるだろうし、規模拡大にも対応できそうである。教師たちにソフトウェアを試用してもらい、意見や改善点などのフィードバックを得た。

戦略が固まってくると、イノバスクールは教師、親、学校のリーダー層を交えた会議を何回も開催した。教室のデザインについて意見を聴き、学校の発展の方向性について議論し、学校立ち上げの過程に利害関係者を巻き込んでいった。

ろか、貧しくしてしまうリスクがあると認識していた。

スーパーはたしかに給料のよい仕事をもたらすが、地元の農家や生産者が担っている事業に打撃を与えかねない。彼らの事業は小規模で、食の安全基準もたいてい低いので、スーパーは仕入れのほとんどをリマから調達したいと考えがちだ。だがそうすると配送コストによって利幅が削られるだろうし、もし地元生産者を閉め出せば、雇用は創出される数より減らされる数のほうが多くなりかねない。

このためインテルコープは早い段階から地元事業者と関係を構築し、地元での生産を活気付ける必要があった。

２０１０年、同社はＮＧＯのコーポラシオン・アンディーナ・デ・フォメントとワンカヨの地方自治体の支援を得て、ペルー・パシオン・プログラムを立ち上げた。地域の農家と小規模製造業者を対象にした、地元のスペルメルカドス・ペルアノスに商品を納入できるレベルにまで能力を高める手助けをするプログラムである。まもなくして、これに参加した地元業者の中から自力で地域レベル、全国レベルの納入業者に育つ者が現れるようになった。

今日、スペルメルカドスは２１８の商品、年間売上高にしておよそ１５０万ドル相当を、ペルー・パシオン・プログラムに参加した業者に発注している。そのうちの一社、プロセサドラ・デ・アリメントス・ベラスケスは、元は近所の小さな食料品店数店に商品を納めるだけの地元のパン屋だった。２０１０年にスペルメルカドスの納入業者となった時も、同スーパーに対する年間売上高はわずか６０００ドルにすぎなかった。だが、ペルー・パシオンの支援を受けたおかげで、現在はスペルメルカドスの３店舗に商品を納入し、年間４万ドル近い売上げを得るまでになった。

もう一つの成功例は、日用品製造業者のコンセプシオン・ラクテオスだ。同社が地元のスペルメルカドスに納入を始めたのは2010年で、同スーパーに対する年間売上高は2500ドル程度だった。それが2014年には、リマにある大型アウトレットを含めて同スーパーの28店舗に商品を納め、10万ドルの売上げを得るまでになっている。

インテルコープがペルーの中産階級の増強に成功したのは、多数の「人工物」を注意深くデザインしたことが大きい。最先端を行く銀行、革新的な学校システム、ペルー各地の辺境の町に合わせた各種の事業、といった人工物である。しかし、同様に重要だったのは、こうした人工物をいかにそれまでの状況に溶け込ませるかをデザインしたことだ。

ロドリゲス＝パストールはこうした人工物の導入に際し、適切な関係者すべてと連携するために必要な手順を慎重に計画した。幹部チームにはスキルを深掘りさせ、社員にはデザインのノウハウを高めさせ、教師と親には「巨大企業集団でも教育サービスを提供できる」という考え方を納得させ、地元の生産者には協力してスーパーマーケットに納入できるまでに能力を高めさせた。

人工物の優れたデザインと相まって、その導入方法をていねいにデザインしたことにより、ペルーの社会変革は理想的観念論ではなく現実的可能性となったのである。

＊　＊　＊

このやり方の基本原則は明快で一貫している。導入作業には複数の手順が必要であり、それも、大きなステップが少数ではなく、細かいステップが多数ある。複雑な人工物の導入作業では、劣ったデザインの芽を摘み、優れたデザインによる成功を確信するためにも、導入作業の最初から最後まで、利用者とやり取りを重ねることが不可欠になる。

デザイン思考は当初、実体のある製品のデザイン作業を改善する手段として生まれた。だが、それだけで終わるものではない。

革新的な新しいアイデアと新体験に人々を巻き込み、受け入れさせるというのは実体のつかみにくい難題だが、その際にデザイン思考の基本原則を適用すれば、より大きな力を発揮する可能性を秘めている。インテルコープのエピソードや同様の実例がそれを証明している。

市場投入は到達点ではなく通過点

ティム・ブラウン

ユーザーインターフェースの第一人者ビル・バクストンは、著書*Sketching User Experiences*（「ユーザー体験の概略をつかむ」）において、アップルのｉＰｏｄの〝一夜における成功〟は準備に3年間もかけていた、と解説している。同書は、発売後もこのデバイスのデザインに数多くの手直しが加えられたことを、証拠を挙げて示している。そして、それが最終的な大成功に不可欠であったことも。

このエピソードが示す通り、賢いデザイナーというものは、自分の仕事がまずは新しいプラットフォームを利用者に受け入れてもらうことであり、新しい特徴を加えるのはその後でいいと、知っている。

ＰＤＡ（携帯情報端末）として世界初の成功を収めた「パーム・パイロット」をジェフ・ホーキンスが開発し

た際、彼は機能を3つだけに絞り込むことにこだわった。カレンダー、住所録、メモ帳、である。機能がこの3つを超えると、ユーザーは最初からその複雑さにお手上げになるとホーキンスは考えたのである。時が経つにつれ、パーム・パイロットは徐々に多くの機能を搭載するようになっていったが、その頃には中核を成すユーザーたちはこのデバイスの使い方を十分に身につけていた。

iPodの場合も、当初の宣伝文句は「1000曲をポケットに」と極めてシンプルである。iTunesストアや写真、ゲーム、アプリといった機能は、まずユーザーがiPodというプラットフォームに慣れ、さらなる複雑さも受け入れられるようになった後で追加された。

デザイン思考の対象が戦略や大型システムに移ってくると、このように「市場投入とは、新しいコンセプトを世に送り出す全行程の単なる一段階にすぎない」と考えてみることがいっそう重要になるだろう。

デザイナーは、デザイン対象となる人工物を市場投入する前の段階で、ターゲットユーザーやデザイン作業を管掌する意思決定権者と対話を重ねると、人工物の複雑さが増してくるという課題に直面する。

あえて複雑さを減らして市場投入する手もあるが、その場合はユーザーの反応に合わせて進化していくようにデザインするのがいい。どのような導入型デザインであれ、導入を繰り返すことと、ユーザーのために果たす役割が明確であることは重要なポイントとなろう。

今後の情報技術とコンピュータ技術の進歩によって、たとえ複雑なシステムであろうとも、早い段階で試作品をつくってみんなに試してもらい、多様性に富む大勢のユーザー層からフィードバックを得ることは、いまよりはるかに簡単になるだろう。

そのような時代になれば、「新デザインの市場投入」は、もはや大きな到達地点ではない。周到に準備された「導入デザイン」という大きな流れの中の、単なる通過点の一つとなっていることだろう。

第4章

デザイン思考で創造的解決を導く方法

バージニア大学 ダーデンスクール・オブ・ビジネス 教授
ジーン・リエトカ

"Why Design Thinking Works"
Harvard Business Review, September-October 2018.
邦訳「デザイン思考で創造的解決を導く方法」
『DIAMONDハーバード・ビジネス・レビュー』 2019年6月号

ジーン・リエトカ
(Jeanne Liedtka)
バージニア大学ダーデンスクール・オブ・ビジネスのユナイテッド・テクノロジーズ・コーポレーション冠講座教授。担当は事業管理。

社会技術としてのデザイン思考

新しい仕事のやり方は、時として目覚ましい改善につながる。たとえば1980年代に製造業界で広まったTQM（総合的品質管理）活動では、かんばん方式やQCサークルなどの手法と、「現場の作業員は、通常要求されているよりもはるかに高水準の仕事ができるだろう」という気づきが結び付いて、著しい改善を実現した。このように、手法と考察が一体となって業務プロセスに反映された場合、それは社会技術と見なすことができる。

もう一つの社会技術であるデザイン思考も、TQMが製造分野で成し遂げたのとまったく同じ成果をイノベーションの分野で上げうること、つまり、人材の創造性とコミットメントを十二分に引き出し、業務プロセスを劇的に改善する可能性を秘めていることが、ビジネス、ヘルスケア、ソーシャルサービスなど多様な分野の50のプロジェクトを詳しく調べた7年越しの研究から判明した。

エスノグラフィック調査、リフレーミング（視点の転換）や実験の重視、多様性のあるチームの活用といったデザイン思考のツールについては、今日ではエグゼクティブの大多数が、試した経験はないにしても、少なくとも耳にはしているだろう。

しかし、想像力の発揮をしばしば阻む人間の先入観（たとえば現状への執着）や、特定の行動規範への思い入れ（「これがしきたりだ」）を、デザイン思考がそれとないやり方でたびたび封じ込めることは、理解していないかもしれない。

本稿では、イノベーションの妨げになる人間のさまざまな傾向を掘り下げ、そこから逃れる際に、デザイン思考のツールと明快な手順がどのように役立つかを解説していく。

その前に、組織はイノベーションに何を求めているのか、それを獲得しようとする努力がなぜ往々にして不十分であるのかを述べておきたい。

イノベーションの成果を左右する3つのポイント

イノベーションプロセスが成果を上げるには、「秀逸な解決策」「少ないリスクと変革コスト」「従業員の賛同」の3点が揃わなくてはならない。産業界では長年にわたり、これらの実現に奏功する戦術が考え出されてきた。それでも、いざ活用しようとすると、組織はえてして新たな障害や二律背反に遭遇することになる。

秀逸な解決策

課題をわかり切った慣例的なやり方で定義すると、当然ながら、従来型の自明な解決策にたどり着く場合が多い。他方、趣向の変わった問いを投げかけると、独創性の高いアイデアの発見につながりやすい。

ただし、後者のリスクとしては、チームが際限なく課題を掘り下げる一方で、行動重視のマネジャーが先を急ぐあまり、どの問いと向き合うべきかを十分に時間をかけて検討しなくなるおそれがある。

ユーザー主体の基準を取り入れると、格段に優れた解決策が導き出されることも、広く知られている。そのような基準を見つけるには市場調査が役立つが、未知の製品やサービスをほしいかどうか尋ねられても、顧客の側では判断に窮するという難点がある。

なお、多様な意見を取り入れると解決策の質的向上に寄与することも知られている。ただし、意見がまったく異なる人同士の話し合いが険悪化すると、収拾をつけるのが難しくなるおそれがある。

少ないリスクと変革コスト

イノベーションには不確実性が付き物である。だからこそ、イノベーションを起こそうとする人々はたいていの場合、複数の選択肢を用意する。もっとも、アイデアが多すぎると焦点やリソースが拡散してしまう。

この状況に対処するには、有望ではないアイデアを排除する覚悟が求められる（ある調査協力者はこれを「愛着のあるものを否定する」と表現した）。残念ながら、漸進的な改善につながるアイデアよりも、創造的な（しかもリスクが大きそうな）アイデアのほうが否定しやすいと考えがちである。

従業員の賛同

従業員の支持を得ない限り、イノベーションは成功しない。彼らの支持を取り付ける最も確実な方法は、アイデア出しのプロセスに巻き込むことである。とはいえ、視点の異なる大勢の人々を巻き込むと、混乱や支離滅裂な状況を引き起こすだろう。

以上のような二律背反の陰には、より根本的な緊張関係が存在する。安定した環境においては、効率は組織から多様性を取り除くことで得られる。逆に不安定な環境下では、多様性は成功への新たな道を開き、組織の味方になる。もっとも、四半期目標を達成するために効率性、合理性、一元管理を重視するリーダーを、誰が責められるだろうか。

組織が以上のような数々の二律背反に対処するには、問題行動や非生産的な先入観に対処する社会技術が必要となる。以下に説明していくが、デザイン思考はこの目的にかなうものである。

デザイン思考のフェーズに沿った7つのステップ

経験豊富なデザイナーからはえてして、デザイン思考はあまりに四角四面で手順も決まり切っているという不満が聞かれる。彼らにしてみれば、もっともな不満である。

ところが、イノベーションチームのマネジャーはデザイナーと異なり、顧客への対面調査をする、相手の考え方に深く寄り添う、利害関係者と何かを共創する、実験や試行を企画・実行する、といったことにはあまり慣れていない。そのようなマネジャーが慣れない経験に挑戦し、順応していくうえでは、枠組みや一定の手順が役に立つ。

インテュイットでデザインイノベーションの責任者を務め、現在はフェイスブックのデザインプロダクト担当ディレクター職にあるカーレン・ハンソンはこう述べている。

「人々の行動を変えようとする時は毎回、相手があれこれ考えなくても済むように、まずは数々の決まり事を伝える必要があります。行動の多くは習慣によるもので、そこから抜け出すのは難しいのですが、はっきりした指針があると、行動を変えるための助けになります」

決まった手順があると脱線せずに済み、問題の掘り下げに時間をかけすぎたり、先を急ぐあまり、途中段階を飛ばしたりする傾向を防ぐことができる。

さらには、自信の醸成にもつながる。たいていの人は「失敗したくない」という意識が強いため、機会をつかむよりも、むしろ失敗を避けることに注力する。失敗のおそれがある時は、行動を控えるほうを選ぶのだ。

しかし、行動しない限りイノベーションは起こせない。だからこそ、心理面での安心は不可欠なのである。デザイン思考の物理的小道具や定型的なツールは安心感をもたらすため、イノベーションを目指す人々は、顧客ニーズの発見やアイデアの創造、検証を、確信を持って進めることができる。

大多数の組織において、デザイン思考は主に3つのフェーズに分かれており、その実践に当たっては、具体的には7つのステップを経る。各段階で明確な成果が生まれ、次の段階でそれが新たな成果につながる。この繰り返しにより、やがて実用的なイノベーションが実現する（**図表4**「デザイン思考はイノベーションプロセスを形成する」を参照）。

ただし、深いレベルでは別の事象が起きているのだが、たいていのエグゼクティブはまず、そのこと

図表**4**｜**デザイン思考はイノベーションプロセスを形成する**

デザイン思考はイノベーションを目指す人々の先入観を正し、イノベーションプロセスへの関わり方を改善する、まさに社会技術である。

問題点 イノベーターは……	デザイン思考	成果の向上
自身の専門性や経験に囚われる。	顧客の立場になり切る機会をつくり、イノベーターの発想を変える。	顧客理解の深化。
定性的データの量と煩雑さに圧倒される。	テーマや傾向ごとにまとめることによってデータの理解を促す。	新たなインサイトと可能性。
チームメンバーの立場の違いにより足並みが乱れる。	インサイトをもとにデザイン基準を設けて足並みを揃える。	利用者にとって本当に大切な事柄への注力。
馴染みはあるが互いに異質なアイデアが氾濫する。	重点を絞った問いかけによって新鮮なアイデアを引き出す。	少数ながら多様な解決案の浮上。
何が有効ないし無効であるかについて従来の先入観に縛られる。	各アイデアが実を結ぶための条件を明確にする。	重要な前提が明らかになり、有意義な実験計画ができ上がる。
新しいアイデアに関する共通の理解に欠け、利用者から優れたフィードバックを得にくい。	ごく大ざっぱなプロトタイプを用いて顧客に先行体験をしてもらう。	低コストで正確なフィードバックおよび解決案の真価の見極め。
未来にまつわる変化と不透明さを恐れる。	スタッフや顧客を巻き込んだ試行により実地学習を可能にする。	新しい製品や戦略へのチーム一体での献身と自信。

に気づかない。デザイン思考の各段階は顧客経験の理解と形成を重視する印象が強いが、それだけに留まらず、イノベーター自身の経験をも深いところで再形成するのだ。

顧客の発見

デザイン思考において、発見プロセスで用いる手法のうち最も有名なものの多くは、「何をすべきか」の特定を目指す。データの収集や分析に重点を置くのではなく、エスノグラフィや社会学に倣って、有意義な顧客経験が何によってもたらされるのかを掘り下げようとするのだ。そのためには、以下の3点を実践することになる。

1　顧客の立場に立つ

従来の顧客調査は、第三者の視点で行われてきた。顧客の嗜好に関して持論を持つ専門家などが、フォーカスグループやアンケートの結果、さらには入手可能なら現状の顧客行動に関する資料などに目を通し、ニーズについての推論を引き出すのである。データが充実していればいるほど、推論は的確なものになる。

ただし、このやり方には欠点もある。データに表れた、すでに明確になっているニーズにばかり目が行き、先入観に基づいてデータを眺めてしまうのだ。このため、表面に出てこないニーズには気づかない。

デザイン思考では別の手法を用いる。イノベーションの担当者に顧客と同じ経験をさせることで、隠れたニーズを掘り起こすのである。自閉症やアスペルガー症候群を抱えた成人を支援する英国の慈善団体、キングウッド・トラストの例を考えたい。

キングウッド・トラストのデザインチームに属するケイティ・ゴーディオンは、ピートという名の、言葉の不自由な成人自閉症者と知り合った。初めてピートの部屋を訪れて行動を観察していると、彼は革製のソファーを突く、壁に穴を開けるといった、一見したところ破壊と映る行動を取っていた。ケイティは手始めにピートの行動を記録し、「破壊行為をいかに止めさせるか」を課題として位置付けた。

しかし、2回目の訪問では、「もしピートの行いが破壊衝動ではなく、何か別の動機によるのだとしたら」と自問した。ゴーディオンは自分の見方を脇に置き、ピートと同じように振る舞ってみた。すると、とても爽快な気分になった。

「それまでボロボロのソファーにしか見えなかったものが、突いて楽しい布張りの物体に思えてきたのです。壁に耳を当て、上階から伝わってくる響きを感じながら、壁のすべすべした美しいくぼみをさすっていると、耳がくすぐったくなってきました。（中略）そこにあるのは傷だらけの壁ではなく、音楽に触れて緊張をほぐす、心地よい経験をもたらすものだったのです」

ゴーディオンはピートの世界に入り込むことで、彼が抱える困難を深く理解したばかりか、施設入居者に対する「保護すべき障害者」という先入観に疑問を投げかけることができた。さらには、「どうすれば、入居者の障害と安全に配慮するだけでなく、彼らの強みを活かして楽しく過ごしてもらえるような施設を設計できるだろうか」という、新鮮な疑問も浮かんできた。

こうして、自閉症者により充実した楽しい生活を送ってもらうために、リビング空間や庭を設け、従来にない活動の機会をつくることができたのである。

2 掘り下げる

利用者と同じ体験をすると、インサイト（洞察）を深めるための材料が得られる。とはいえ、収集した膨大な定量データの中から傾向を見つけて理解するのは、気の遠くなるような挑戦である。

私は、デザイン思考を実践しない人々が、当初はエスノグラフィック手法で得られた結果に強い興味を抱くものの、情報のあまりの多さ、さらには深いインサイトを引き出そうとする作業の煩雑さにうんざりして興味を失っていく様子を、何度も見てきた。このような場面でこそ、デザイン思考の枠組みが真価を発揮する。

顧客の立場に身を置くことで突き止めた事柄を掘り下げるには、「ギャラリーウォーク」と呼ばれるデザイン思考の訓練が極めて有用である。この訓練では、中心的な役割を担うイノベーションチームが、発見プロセスで集めたデータの中から最も重要なものを選び、大きなポスターに書き出す。ポスターにはインタビュー相手の写真を載せ、意見を端的に表す発言を紹介する例が多い。

部屋中にポスターを貼って主な利害関係者を招き、この「ギャラリー」をめぐりながら、新たなデザインにとって不可欠だと考えられるデータを付箋紙に書き込んでもらう。続いて少人数のチームに分かれて、慎重に練った手順に沿って付箋紙上の意見を共有してまとめ、テーマごとに分類し、それをもとにインサイトを引き出してもらう。

このようなプロセスを踏むと、ギャラリー内を歩き回る人々がインタビュー対象者を身近に感じるため、先入観に囚われすぎて、見たいものだけを見るという罠を避けることができる。

こうして共有データベースができ、協働者たちは互いにコミュニケーションを取り、同じインサイトを得て、互いの発見した知恵や情報に疑問を投げかける能力を高める。これもまた、先入観に基づく解釈を避けるうえで重要である。

3 調整する

発見プロセスの最終段階では、「何も制約がないとしたら、このデザインはどのような仕事を得意とするだろう」という問いをテーマに、ワークショップとセミナー形式の議論を何回か行う。現状の制約を気にせず可能性に着目すると、多様なメンバーで構成されるチームが、デザイン基準や理想的なイノベーションの主な特徴に関して協調しながら創造的な議論を展開しやすくなる。

探求の精神が根付くと、現状への疑問が深まり、イノベーションの過程でチームが合意に達しやすくなる。やがて数々のアイデアの中からよいものを選択し終えると、デザイン基準に関する合意の恩恵により、斬新なアイデアが従来の延長線上にある安全策を打ち負かす可能性が生まれる。

オーストラリアのメルボルンにある医療・ヘルスケアの総合施設モナシュ・ヘルスの例を考えたい。モナシュ・ヘルスの精神科医たちはかねてから、主にドラッグの過剰摂取や自殺未遂による再来院が頻繁に起きることを気にかけていたが、この問題への対処法について合意できずにいた。

彼らはこの問題の本質をつかもうとして、特定の患者たちが治療のプロセスでどのような経験をしてきたかをたどった。典型例としてトムという患者が浮上した。トムをめぐっては、初来院から再発での来院までに別々の医師が合計3回面談し、70の接点を持ち、13人の異なるケアマネジャーが関わり、18回の引き継ぎが行われていた。

チームメンバーは何回もワークショップを開いて、医療従事者たちに「トムの治療の現状は、皆さんが医師を目指した際に理想としたものでしょうか」と問いかけた。すると、医師や看護師を目指した動機について話し合ううちに、トムの状況を改善するには、使命感が医療行為そのものと同じくらい重要なのではないか、という気づきが得られた。

全員がこの結論に賛成したため、最善と考えられる医療よりも、むしろ患者のニーズを中心に据えて新たな治療プロセスを考える取り組みが円滑に進み、それが成果を生み出した。新しい治療法を導入した後は、患者の再発率は6割も下がったのである。

アイデアの創造

顧客ニーズを理解した後は、自分たちが掲げた基準に沿った具体的な解決策を見つけて、絞り込んでいくことになる。

4　創発

まずは考えられる解決策について話し合いの機会を設け、誰を参加させるか、どのような課題を与えるか、どのように話し合いを組み立てるかを慎重に計画する。参加者たちはデザイン基準をもとに個別にブレインストーミングをした後、アイデアを持ち寄り、それらをもとに創意工夫をする。意見の違いが明らかになった場合に交渉によって妥協を目指すのとは違うのだ。

米国で6番目に大きな小児医療センターである、テキサス州のチルドレンズ・ヘルス・システムは、新たな戦略の必要性を悟り、公衆衛生担当バイスプレジデントのピーター・ロバーツ率いる組織が、デザイン思考を活用してビジネスモデルの再考に乗り出した。

発見のプロセスで臨床医たちは、「最も重要なのは医療介入である」という先入観を退けた。医療介入だけでは効果が上がらないだろうと悟ったのである。その背景には、地元ダラスの家庭の多くが医学知識を得る時間や能力に欠け、頼りになる支援ネットワークを持っていないという実情があった。

臨床医たちはまた、医療センター単独では課題にうまく対処できないことにも気づいた。解決策がどのようなものであれ、地域社会に中心的な役割を果たしてもらう必要があると考えたのだ。

こうしてチルドレンズ・ヘルス・システムは地域のパートナーを巻き込み、医療センターの枠組み（およびリソース）をはるかに超えた、新たな健康関連エコシステムの共同設計に乗り出した。最初は大風呂敷を広げずに単独の課題に対処しようと決め、新たな喘息対策の立案に向けてチーム会合を開いた。

会合には病院の管理者、医師、看護師、ソーシャルワーカー、喘息の子を持つ親に加え、ダラスの各学区、住宅局、ＹＭＣＡ（キリスト教青年会）、宗教的奉仕団体のスタッフが集まった。

まずは中心的な役割を担うイノベーションチームが、発見プロセスから引き出した知見を紹介した。次に参加者がおのおの、子どもが抱える問題への対処に自分の所属組織がどう貢献できそうかを考え、アイデアを付箋紙に書き入れた。

続いて参加者たちは、5つのテーブルに分かれて各自のアイデアを披露し、それらをテーマ別に分類して、喘息持ちの子どもとその親にとって理想的な経験はどのようなものであるかを思い描いた。

素晴らしい変革は一般にこのような話し合いから生まれる。こうすると実行段階がうまくいく可能性が大幅に高まるからである（実現に向けて献身する人がいないせいで、優れたアイデアが実を結ばずに終わる例は非常に多い）。

チルドレンズ・ヘルス・システムの例では、プロジェクトに参画した人々が地域コミュニティを活性化させるとともに、新しいビジョンの実現に必要な人間関係をそれぞれの組織内で構築し、維持した。

住宅局勤務のチームメンバーは住宅関連法規の変更に着手し、子どもの健康への影響（カビの有無など）を不動産鑑定に反映させるよう義務付けた。町の小児科医は、喘息の標準的な治療指針を取り入れた。喘息患者の親は、カウンセラーが患者宅を訪れて手厚い啓発活動を行う際に、協力者として大きな役割を果たした。

5　明確化

創発段階では通常、多かれ少なかれ魅力的で実現できそうな、競合する数々のアイデアが生まれる。続く明確化の段階では、暗黙の前提を掘り起こし、その妥当性に疑問を投げかける。マネジャーは往々にして、これを不得手とする。過度の楽観主義、確証バイアス、最初の解決案への執着など、多くの行動バイアスに囚われるからである。

しかし、前提に疑問を差し挟まずにいると、参加者がそれぞれ自分なりの理解に基づく主張を展開していくことになるため、アイデアの有効性をめぐる議論が暗礁に乗り上げてしまう。

対照的にデザイン思考では、「アイデアを実現するには何が真実でなくてはならないか」を掘り下げるために議論を組み立てていく。(注) 米国保健福祉省（ＨＨＳ）のイグナイト・アクセラレーターという施策はその具体例である。

アリゾナ州のホワイトリバー・インディアン病院は救急処置室の待ち時間が長く、時には6時間に及ぶ例もあった。そこで、マリザ・リベラという若い品質管理担当者をリーダーとするチームが、その短縮に乗り出した。

チームは当初、ボルチモアにあるジョンズ・ホプキンス病院に倣い、自動受付機の導入を考えた。しかしデザイン思考を実践したところ、このアイデアが機能するための前提をあぶり出すよう迫られた。チームメンバーはこの時ようやく、患者の多数はアパッチ語を話す高齢者で占められており、コンピュータ技術を使いこなすことはできないだろうと気づいた。自動受付機の導入はボルチモアのような都会では成果を上げても、ホワイトリバーではうまくいきそうもないため、このアイデアは却下しても問題なさそうだった。

アイデア出しのプロセスが終わる頃には、丹念な検討を経た、おそらくはまったく異なるいくつものアイデアが揃っているだろう。アイデアの前提は入念な吟味を経ており、成功に必要な状況は実現可能なはずである。関係諸チームはアイデアを支持し、その実用化に向けて責任を果たす用意ができていることだろう。

検証

企業はプロトタイプ（試作品）の作成を、おおむね開発済みの製品やサービスを微調整するプロセスと見なしがちである。しかしデザイン思考においては、完成にほど遠い製品のプロトタイプを作成する。未完成のアイデアを利用者に何度も試してもらうのだ。したがって、その過程では大幅な変更が起き、デザインを一からやり直す場合もある。

6　先行体験

神経科学の研究からは、未知の何かをあたかも現実であるかのように活きいきと思い浮かべる先行体験は、その対象の価値をより正確に評価するうえで有用だとわかっている。デザイン思考ではこのような理由から、実現を目指す顧客経験の本質をとらえた低コストの簡易人工物の作成が望まれる。

これは厳密にはプロトタイプとは異なり、リーン・スタートアップ手法で顧客に試してもらうＭＶＰ（必要最小限の製品）よりも、はるかに大ざっぱな場合が多い。しかし、顧客に使ってもらって得た知見をもとに容易に変更できるため、厳密でない代わりに融通が利く。しかも、不完全であるがゆえに意見交換を促すのだ。

このような人工物にはさまざまな形態がありうる。たとえばカイザー・パーマネンテが新病棟を建設する際には、壁の代わりに天井からシーツを吊るしてフロアレイアウトを検証した。看護師や医師を招き入れ、よりよい治療を実現するにはどうレイアウトを変えるとよいかについて、患者役のスタッフと意見を交わしてもらったのである。

モナシュ・ヘルスでは、社会的弱者の健康を在宅のまま維持して入院率を下げることを目指す、モナシュ・ウォッチという遠隔治療の取り組みを推進していた。この新しい手法がどのようなものであるか、政策当局者と病院の管理者に思い描いてもらう際には、デジタル機器のプロトタイプを作成するのではなく、詳細な絵コンテを用いた。

7 実地学習

新しいアイデアを評価し、実用に向けて必要となる変更を見極めるには、実環境での試行が欠かせない。もっとも、この種の試行はもう一つ別の、見えにくい価値をもたらす。従業員や顧客が当然のように抱く変化への不安を和らげるのである。

モナシュ・ヘルスのドン・キャンベル（内科教授）と、キース・ストックマン（オペレーションズリサーチ担当マネジャー）が提案したアイデアを考えたい。

彼らはモナシュ・ウォッチの一環として、素人を遠隔治療の案内役として雇い、いくつもの病気で入院を迫られうる患者に頻繁に電話で連絡を取る「プロフェッショナルな隣人」になってもらうことを提案した。キャンベルとストックマンは、低賃金の素人の中から慎重に人材を選り抜いて健康リテラシーと共感力を鍛え、必要に応じて判断支援システムや専門家によるコーチングの助けを得られるようにすれば、リスクの高い患者の健康状態を在宅のまま守ることができるだろうという仮説を立てたのである。

この提案への反応は懐疑的なものだった。同僚の多くは、複雑な問題を抱えた患者への医療サービスを素人に任せることに対して強い偏見を抱いていたが、専門家に報酬を支払うゆとりはなかった。イノベーションチームのメンバーはそこで論戦を挑まずに懸念を受け止め、仮説を検証するための実験計画の作成に同僚たちを巻き込んだ。

やがて300人の患者が遠隔医療を受け、その結果が集まった。患者の反響は好意的なものが圧倒的に多く、入院や救急処置室への駆け込みも減ったことが、第三者的な立場のコンサルタントによって裏付けられた。こうして、懐疑派の不安は吹き飛んだ。

＊　＊　＊

以上のように、デザイン思考の枠組みは調査から実地展開への自然な流れをつくるものである。

顧客の立場に身を置くとデータが集まり、それが知見へと変わる。そして、どのデザイン基準をもとに解決策のブレインストーミングをするかに合意するうえで、その知見が役に立つ。解決策が有効であるためには何が重要であるかに関して仮説を検証し、大ざっぱなプロトタイプを用いて試行すると、イノベーションをさらに磨いて実環境での試行や実験に備えるうえで役に立つ。

この過程でデザイン思考のプロセスは創造性のじゃまになる先入観を後退させる一方、優れた解決策、少ないコストとリスク、従業員の賛同を実現する際の、よくある課題に対処する。デザイン思考は、「組織とはさまざまな視点や感情をもとに動く人間の集まりである」という認識の下、関与、対話、学習に重点を置く。顧客などの利害関係者を巻き込んで問題を定義することにより、変革への幅広い関与を引き出す。

加えて、イノベーションプロセスに枠組みをもたらすことで、各段階の成果として何が不可欠であるかに関して、協働を通して合意に至る一助となる。しかも、その過程で社内政治を克服するだけでなく、各段階でイノベーション担当者、他の主だった利害関係者、実行者の経験を形づくる。

このようにデザイン思考は、まさに社会技術なのである。

【注】

Roger L. Martin and Tony Golsby-Smith, "Management Is Much More Than a Science," HBR, September-October 2017.（邦訳「経営は論理だけでは語れない」ＤＨＢＲ２０１８年10月号）を参照。

第5章

リーダーはデザイン思考をどう活かすべきか

デンマーク・デザインセンター CEO
クリスチャン・ベイソン
アイビー・ビジネススクール 教授
ロバート D. オースティン

"The Right Way to Lead Design Thinking"
Harvard Business Review, March-April 2019.
邦訳「リーダーはデザイン思考をどう活かすべきか」
『DIAMONDハーバード・ビジネス・レビュー』2019年9月号

クリスチャン・ベイソン
(Christian Bason)
コペンハーゲンにある国立機関、デンマーク・デザインセンターのCEO。

ロバート D. オースティン
(Robert D. Austin)
アイビー・ビジネススクールの教授。専門は情報システム。同校のラーニング・イノベーション・イニシアティブ学部長も兼ねる。

デザイン思考のプロジェクトが危機に瀕した理由

デンマークの国立機関で責任者を務めるアン・リンは危機に直面していた。この危機の火元となったのは、デザイン思考を採用したあるプロジェクトだった。

そもそも、この組織はデンマークの労災保険の請求審査と給付額の決定を担当している機関であり、リンは顧客に当たる労災被災者に提供するサービスの改善に向けたプロジェクトを進めていた。

奇妙なことに、プロジェクトは順調に進んでいたように見えた。プロジェクトチームのメンバーは、顧客体験にどっぷり浸かり、顧客とラポール（信頼関係）を築き、顧客の目を通して物事を見ようと相手の気持ちに寄り添っていたからだ。

だが、労災被災者にインタビューを行った結果、予想外のことが浮かび上がった。インタビュー中に目立たないところからビデオを回し、被災者である顧客がこの組織の給付決定までのプロセスで経験したことや、自身の状況を説明する姿を撮影した。その動画が痛烈に映し出していたのは、この機関の対応に「傷付けられた」と語る、多くの顧客の姿だった。健康そのものでなければ、「この機関で手続きするストレスには耐えられない」と冗談交じりに語った人もいた。

この機関のプロセスは総じて、組織のウオンツやニーズ（スタッフにとって効率的かつ容易な請求審査）を満たすために設計されていた。被災者は精神的苦痛を伴うことの多い労災に遭って、早く日常に戻り活発に動き回りたいと願っていた。だが、その気持ちは置き去りにされていた。たとえば、労災を申請する過程で、この機関だけでなく病院や勤め先などから平均23通の書状を受け取っていたことも明らかになった。

リンは目から鱗が落ちる思いがして、大がかりな業務改革に着手したと、筆者らに語った。同時に、先の動画に戸惑いも感じていた。解決策を編み出すには全職員の専門知識と賛同が必要だった。

そこでリンはインタビューの動画を機関全体の職員に見てもらった。彼らもショックを受けて狼狽した。なぜなら、スタッフらも申請プロセスを効率的に管理している生産性が評価されて何度も表彰された、優秀なプロ集団だと自負していたからだ。

リンが気がかりだったのは、多くの職員が深刻に受け止めすぎていたことだ。職員には気落ちせず、やる気を奮い立たせてもらいたかった。

この時、必要だったのはリーダーシップだ。厳しい現実に向き合い対策を講じるに当たって、リンの力が求められていた。リンが次に取る行動次第で、職員が顧客対応の刷新という課題に向けて立ち上がるか、それとも気落ちしたまますくすぶるかが決まるからだ。

デザイン思考で何らかの取り組みを成功に導くには、他のチェンジマネジメント・プロセスよりも、リーダーが積極的かつ効果的に働きかけることが必要だ。

デザイン思考を活用してイノベーションを生み出す方法については、HBRなどに文献が多数ある。(注)筆者らは5カ国の公民セクターで大組織の主要プロジェクト20件以上を対象に徹底的な調査を行い、プロジェクト成功には効果的なリーダーシップが欠かせないことを突き止めた。

調査では、個々のデザイン思考チームがプロジェクトをどのように遂行したかではなく、そのプロジェクトを立ち上げた経営幹部がどのようにチームに関わり成功に導いたかにフォーカスした。たいていの場合、プロジェクトチームはリーダーの発案で立ち上げられていた。外部のコンサルタントや内部の専門部隊から成るチームが従業員数人と協力して解決策を導き出し、最終的にはそれを幅広く導入していた。導入範囲が全組織に広がることも多かった。場合によっては、変革の影響がチーム以外の部署にも及ぶことがある。コアチームにその部署に関する知識が欠けている場合、その分野の従業員を巻き込む形でプロジェクトを拡大することもあった。

この方法は、別の部署の賛同を得るうえでも有効だ。プロジェクトを提唱したリーダーの多くは、それまでデザイン思考に関わった経験がなかった。実際にプロジェクトにどの程度関わったかはリーダーによってさまざまだったが、デザイン思考が戦略目標の達成に役立ちそうだと期待していた点では、どのリーダーも同じだった。

なぜデザイン思考に強いリーダーシップが必要なのか

一口に「デザイン思考」と言ってもその実態はさまざまだが、一般に人間中心の製品やサービス、ソリューション、体験をつくり出すためのプロセスや方法、ツールを指す。その開発過程では、ソリューションの対象者、つまりユーザーとの間に人間的なつながりを築いていく。

デザイナーは、ユーザーの抱える事情や環境、ニーズに対する理解を深める。すなわち、彼らの目を通して物事を見て、彼らの体験の本質をつかもうと努力する。デザイン思考では、ユーザーとのつながり、ひいては親密さを築くことが焦点となる。

しかし、「合理的であれ、客観的であれ」と長年、言われ続けてきた従業員の目には、そうした手法が主観的で、個人的すぎると映ることがある。企業が顧客を理解したいと考えるのは当然だが、デザイン思考における顧客とのつながりは、むやみに感覚的で、場合によっては感性にばかり頼りすぎていて戸惑うことすらある。

それだけではない。デザイン思考が拡散的な思考に重きを置く点も、不安を誘う可能性がある。すなわち、デザイン思考では、性急にゴール地点を目指したり、できるだけ早く一つの解決策に絞り込んだりするのではなく、選択肢の幅を広げていく手法を取る。前に進むというよりも、少し脇道に逸れるのだ。そうしたやり方は、明確な方向性やコスト削減、効率性などを重視してきた人たちにとっては難しい場合がある。「無駄骨」のように思えるし、ある意味では実際そうなのだ。

しかも、デザイン思考では、ずっと避け続けてきたことを従業員に繰り返し迫る。それが「失敗」の経験である。プロトタイプの作成とテストを繰り返して、悪い結果を積み重ねることになる。デザイン思考の手法が真価を発揮するのは、何がうまくいかないかを明らかにすることだが、どう見ても失敗としか思えない結果を何度も繰り返せば、多くの人が身の縮む思いをする。

デザイン思考に伴う、やり切れなさを耐え忍ぶ価値はある。何しろ変革や改善、イノベーションへと至る大きな可能性が新たに開けるのだから。実際、従業員が対処に戸惑う点こそがデザイン思考の強みを生み出しているのだ。したがって、デザイン思考に慣れていない従業員（通常は、大半がそうだ）が不慣れな状況の中で舵取りし、デザイン思考に対する反応を建設的な方向に振り向けられるように、リーダーが手引きして、サポートする必要がある。

筆者らは研究を通して、経営幹部がデザイン思考のプロジェクトを成功に導くために活用できる3種類の方法を割り出した。①共感して寄り添う、②拡散的思考を奨励し曖昧さを許容する、そして③新しい未来を描き「リハーサル」する、ということである。

共感して寄り添う

デザイン思考プロジェクトのメンバーは、プロセスの初期段階で自社が提供している製品やサービスに対する先入観を捨てなければならない。リーダーは、顧客に関する情報をもとに従業員の共感を呼び覚まし、自身の行動が顧客にどのような影響を及ぼしているかを自問するプロセスを促せばいい。

ただし、筆者らの調査によれば、リーダーが行うべきはこのプロセスを後押しするだけに留まらない。仕事の成果に厳しい目を向けられて居たたまれない気持ちになった従業員へのサポートが必要だ。予想外の事実が判明すれば防衛本能や不安が生じ、共感が妨げられたり意欲が削がれたりしかねない。

たとえばリンは、組織の顧客体験に関して新事実が浮かび上がったとしても、それで従業員の意欲がしぼんでしまうことを見逃さず、変革を推進する原動力として活かさなければならないのだと、心得ていた。つまり、従業員が自分に向けていた目線を顧客に移すことである。

そこでリンは、プロジェクトの初期段階で発覚した事実を解釈するに当たって、組織全体の従業員を巻き込んだ。そのうえで、中間管理職にみずからの部門でアイデアを募るようにしてもらった。すると、ある部門は、顧客が申請管理プロセスを楽に進めるようにプロセスを視覚化し、ウェブサイトに掲載する案を出した。別の部門は、「お困りですか」と題したホットラインを開設して、顧客が容易にサポートを得られるようにしたらどうかと提案した。

実質的に、リンが従業員に促したのは一つひとつの段階を踏んで考えることだった。個々の案が問題を丸ごと解決したり、最終的な解決策に至ったりはしないかもしれない。だが、正しい方向に向かって段階的にプロジェクトを進める考え方へと導いたのである。

デンマーク国立病院の看護師長、メデ・ローセンデール・ダーマーが率いるデザイン思考プロジェクトについても考えてみよう。彼女のプロジェクトチームが行ったインタビューでは、患者がこの病院の心疾患治療を受ける過程で混乱し、不安や心細さを覚え、時には屈辱を感じていることがわかった。

ダーマーはこの結果を、業務で重要な役割を果たしている医師、看護師、事務スタッフの約40人に伝えた。患者の懸念に対処するアイデアを考案するには、こうしたスタッフの支援が必要になると彼女は知っていたからだ。医師たちは、自分たちが提供しているサービスが患者の健康回復に役立っていると考えていたため、結果を聞いて唖然となった。それこそ、ダーマーが意図していたことだった。

彼女によれば、「狙いは、彼らの認識を覆すこと」にあった。彼女は、現実と認識とのズレを浮き彫りにするだけに留まらなかった。新事実が組織とプロセスの変革を推進する強力な原動力になるように、新たに浮かび上がった現実を認識する実践的な方法もいくつか提案した。

最も効果的だったのは、「医師の時間よりも患者の時間のほうが重要だと見なされているとしたら、どうすべきか」とスタッフに自問してもらう方法だった。このように見方を変えることで、患者の体験を最適化するという達成可能な目標が生まれ、それがやがてプロセスの再設計へと道を開くことになった。

ダーマーは、この意識の転換を積極的に推奨しなければならなかった。なぜなら、一部のスタッフは、それまでの効率化を打ち切ればコスト上昇につながりかねず、「容認できない」と懸念していたからだ。ダーマーは、病院が患者優先という目標を掲げているのだと言い聞かせた。結局、コストは上昇しなかった。患者体験を改善することが、入院日数の半減につながったからだ。

この2つのケースから導き出せるのは、リーダーとは、従業員に現実を直視することを促したら、次は従業員の気持ちを支えなければならないということだ。それまでの業務の不備を直視した従業員が落ち込んだり自己弁護に走ったりせず、建設的な方向に向かうように手引きしなければならない。調査結果であぶり出されるのは業務成績上の問題ではなく、デザインの再構築や改善の機会だととらえ直す必要があるのだ。

調査対象となったリーダーは、ユーザーの本当のニーズを精力的に洗い出していた。たとえ当初は従業員に無意味だと思われたり、新事実が判明して、従業員に気まずい思いをさせることになったりしてもひるまなかった。

もう一つ例を挙げよう。デンマークのホルステブロー市役所で、高齢者向けの食事宅配サービスを提供する組織のリーダー、ポーラ・サンギルは調査対象のリーダーの中でやや特殊だった。というのも彼女は、デザイン思考プロセスをじきじきに率いていたからだ。

彼女が業務改善プロジェクトを最初に提案した時、任命した中間管理職から成るチームは極端に神経質になり、変革が実現可能だという考え方に対して反発した。食事をいかに短時間で提供しなければならないか（1食につき10分）について不満をこぼし、「そんな短時間では何もできない」と主張した。そこでサンギルは、プロセスの手順を一つひとつ踏んでロールプレーを行ってもらい、時間的な制約の中で改善の余地を探ってもらった。やがて、チームは改善案を出すようになった。

調査対象のリーダーは従業員に対して、統計解析にばかり頼る従来の慣習から離れ、ユーザーの体験や心情にもっと歩み寄ることを推奨していた。しかし、デザイン思考で用いられるエスノグラフィーの手法に経験豊富な従業員はほとんどいない。リーダーは従来型のコンサルティング調査を重視することをやめ、その代わりに（デザイン思考の専門家の指導の下）、従業員がユーザーの置かれた状況を体験できるようにした。

たとえば、ニューヨーク市住宅保護・開発局は新しい住宅やサービスの開発に当たって、マンハッタンで家賃統制法の対象物件に住んでいる人々と従業員が、実地で数週間にわたって接触できるように手配した。狙いは、住人の日常生活に対する理解促進である。従業員は観察調査とインタビューを通して、住人にとって本当に重要なサービスだけでなく、提供していた住宅やサービスを見直すにはどうすればよいかまで特定し、肌で実感することができた。

リーダーは、プロジェクトチームにデータを収集し、他の従業員と共有することを求めた。そのデータは、それまで多用していたビジネスライクな図表ではなく、音声や映像など、個々のユーザーの状況がまざまざと浮かび上がるようなデータだった。そうした形で情報を集めれば、複数のメリットがある。まず、従業員はユーザーの状況を深く理解できる。そうした状況を他者に伝える強力な伝達手段も得られる。そして、リーダーがうまく対処すれば、精神面での支えとなり、変革への動機付けや原動力を生む。なぜ変革が必要かを再認識したければ、記録に残っている音声を聴くだけでいいのだ。

拡散的思考を奨励し曖昧さを許容する

調査対象者の中でも模範的なリーダーは、デザイン思考のプロジェクトチームに時間的・空間的な余裕を持たせることで、さまざまな新しいアイデアを出せるようにしていた。それに加えて、チームが全体的な方向性と目的意識を見失わないようにもしていた。性急に一つの解決策に絞り込もうとする衝動を制御しながらも、進むべき方向性を見失ったと思うことのないようにする。それがチームを導くリーダーの務めだからだ。

デンマークのホルベックにあるスティンフス高校の副校長は、9人の教員から成るチームに、学習プログラムの改革案を求めた。チームが仕事にかかると、進捗状況を入念に確認することも、進捗状況の報告を頻繁に求めることも、プロジェクトの早期完了を迫ることもしなかった。副校長は意図的に通常の管理手法から離れたのだ。

教員たちは、上司が介入してこないばかりか、もっとアイデアを出すように何度も言われ、彼らの予想に反した対応に困惑したと報告している。時間をかけて多数のアイデアを出した後に、教員たちは副校長に「チームを少しもコントロールしようとしませんでしたね」と指摘した。副校長は「ええ、まったくしませんでした」と答えた。「管理不行き届きですよ。いい意味でね」

ロンドンのルイシャム区役所で、顧客インサイトとサービス設計を束ねるピーター・ガッズドンの例を紹介しよう。彼はホームレス対策サービス部門の第一線で働く職員が住民と接する姿を録画した。ふだん、住民のプライバシー保護の観点から録画はしないが、彼が了承を取る手はずを整えた。そうすることで、通常のデザイン思考の手法に沿ってアイデアを引き出すために、動画を活用することができた。「スタッフは約3週間、たくさんの人にインタビューし、どんどん録画していきました」と、ガッズドンは語った。

ある動画では、英語を話せない移民の両親に代わって、子どもたちがケースワーカーとの会話を通訳していた。本来であれば、「ホームレスになるかもしれない」などという複雑な大人の問題に、子どもを巻き込んではならない。それは、心理的な苦痛を与えるのを避けるためだ。そのためには、プロの通訳を使うべきだが、実際にはそうしていなかった。

この動画を見たガッズドンは、現場の職員に「この種の問題にどう対応すればいいと思いますか」と尋ねてみた。プロセス設計の担当者は、メンバーの目を現実に向けるためにこの動画を使用したという。「おかげでアイデアがたくさん生まれました」とガッズドンは付け加えた。

航空機大手ボーイングのケースでは、筆者らが調査していた当時、製造部門の幹部を務めていたラリー・ロフティスが、プロセス改善チームに「7つの方法」を求めていた。この手法では、ブレインストーミングで解決策を導き出す際に、少なくとも7つのアイデアを求めた。「最初の2つか3つは難なく出せるのですが、その後はとたんに難しくなります。（最初の考えから）離れて、広い視点で考えなくてはならないからです」とロフティスは言う。

拡散的思考で目指すのは、安易な答えを超えて、その先の新機軸になりそうなアイデアを見出すことである。過激なアイデアはめったに採用されないが、現実的な解決策を生み出す足掛かりとなることがある。「実現する見込みがまったくないとわかっているアイデアが出れば、話し合いがとんでもない方向に進むこともあります」と、ロフティスは言う。「けれども、そのアイデアを採用したらどうなるかはひとまず脇に置いて、物になりそうなアイデアを出そうじゃないか、という流れになるのです」

横道に逸れて、採用されそうもないアイデアや、奇抜すぎてとうてい実現しそうもないアイデアをわざわざ出すことに違和感を覚える人もいる。目標志向の人にしてみれば、拡散的思考ではプロジェクトの進む方向が時に意味もなく曖昧になる。そうした人たちが不安や戸惑いに対処できるよう、リーダーが手助けしなければならない。

それは必ずしも簡単なことではない。というのも、マネジャー自身同じ気持ちになる可能性があるからだ。「自分自身も十分に理解していないのに、導入しようとしている手法を部下にどう説明すればいいのでしょうか」と疑問を呈したのは、ヘルシンキ市にビジネス支援サービスを提供しているマネジャーである。

彼女は地元企業のために煩雑な許認可手続きを改善すべく、デザイン思考プロジェクトを立ち上げた。

当時は、レストランや娯楽施設を屋外に設置する許認可手続きに、ヘルシンキ市の14もの機関が関わっていた。その合理化がプロジェクトの最大の目標だった。

彼女は模範的なリーダーの姿を示すことで、自身の問いに答えを出した。つまり、プロジェクトに果敢に飛び込む一方で、自分自身の不安な気持ちをスタッフと共有しただけでなく、際限なくアイデアを出すという新しい手法は解決策に向かって手を伸ばす行為であり、方向性を欠いた動きではない、とはっきり伝えたのである。

新しい未来を描き「リハーサル」する

デザイン思考の本質は、エンドユーザーやスタッフなどの関係者と簡便な方法でソリューションの候補をテストすることにある。ボーイングはこれを「トライストーミング」と呼んでいる。ブレインストーミングに似ているが、アイデアを出すだけに留まらず、何らかの方法でアイデアを実践することまでが含まれる。そのために、考案した将来の姿のモデルを製作したり、映像化したりすることもある。こうして目に見える形にしてディスカッションすれば、仮説に基づいて議論するよりもずっと具体的に掘り下げられ、成果も出しやすい。

リーダーは、このやり方を実現できるように時間と経営資源を提供することだ。アイデアを実践する作業に価値があるのかといった懐疑論も出ることだろう。それに対しては、プロトタイプの「失敗」は前進の証だと、従業員に伝えるべきだ。何を目指しているのか、誰のためにそれを達成しようとしているのかを明確に示さなければならない。

「学習成果を導き出す方法（新しいスキルの教え方など）について、部下に見直してもらいたい」。ニューヨーク市ブルックリンに公立高校のオリンパスアカデミーを創立し、校長を務めるセス・シェーンフェルドは、そう考えていた。

通常なら、教師と生徒を数人集めてそれぞれの経験をもとに新しいアイデアを出してもらっていたが、この時はニューヨーク市教育局の取り組みの一環として、デザイン思考を試してみないかと勧められた。アドバイザーや撮影機材などのツールも用意されたので、シェーンフェルドは短い動画を撮影したらどうかとチームに提案した。全面的にデジタル化された生徒中心の学習環境で、架空の生徒がどのような一日を送ることになるのかを紹介するためである。

プロジェクト参加者はこの動画をもとに、新しい学習環境を説明した。教材はオンライン化され、授業は生徒一人ひとりの学力や学習ペースに合わせて行われ、前の授業が終わるとすぐに次の講座を受けられるといった具合である。チームメンバーの生徒が主役を演じた動画が起点となり、この学校が将来こうした環境を実現すればどういうメリットが期待できるかについての、活発な議論が交わされた。

校長と教師がディスカッションを進めるにつれ、将来を見据えた、より広範な目標を実現するにはどうすればよいかについて理解が深まり、設定した目標のほとんどがのちに実現することとなった。この方法は通常の仕事の進め方とはかけ離れていたので、トップのサポートと手引きが大いに役立った。

前述したデンマークのホルステブロー市役所が「介護食」宅配サービスのデザイン再構築を進めるプ

ロジェクトでは、ポーラ・サンギルがデザイン思考チームに、レストラン形式のサービス構築を求めた。チームは実際の顧客を巻き込んでテストと開発を繰り返し、サンギルからはさまざまなシナリオの実演が求められた。

職員は当初、このやり方をバカバカしいと考えていた。しかし、他の方法では思い付かないようなアイデアが顧客の意見から生まれることがあると、気づくようになった。その中には、業務改革で目指す全体的な目標に沿いながらコスト削減につながる案（小食の人向けの軽食サービスなど）もあった。

未来を描いてリハーサルするうえで、リーダーは、実現すべき最も重要な成果を具体的に示さなければならない。ノルウェーの保険大手ヤンシーデ・フォシクリンは、顧客体験の変革を目指すプロジェクトでプロトタイプを幅広く作成し、優れた顧客サービスに欠かせない3つの要素を導き出した。フレンドリーな態度で共感を示すこと、顧客の問題を素早く解決すること、そして、顧客が思ってもみないようなアドバイスを常に提供することである。

これらは当たり前に思えるかもしれないが、それまでリスク管理を重視してきた同社にとっては革命に近いものだった。この実現のためには、顧客の苦情をやや懐疑的に見る姿勢から、組織的に良好な顧客体験をつくり出す方向へとシフトしなければならない。リーダーたちは、そうした転換が求められているのだと従業員に伝えなければならなかった。

また、リーダーたちは信頼を勝ち得るため、リスクが実際に生じた際にも慎重に対応し、何よりも顧客サービスを優先すべきだと明確に発信しなければならなかった。たとえ従業員が偽のクレームに騙されるなどの問題が発生したとしても、だ。そうした改革の結果、ヤンシーデは事業を展開する市場（ノルウェー、デンマーク、スウェーデン、バルト諸国）で100社近くの企業を抑えて、顧客サービスとロイヤルティのランキングでトップに立った。

筆者らの調査においてリーダーたちは、ソリューションをテストする際、外部の顧客だけでなく、自社の従業員（そして、時には他の利害関係者）に対する価値創出にも力を入れるように求めていた。これにより、変革で期待できるメリットの幅が広がり、複数のグループの賛同を得て、息の長い変化が生まれることになった。

産業機器大手であり、水処理ポンプ技術で世界をリードするグルンドフォスが、次世代ポンプの開発に着手した時のことだ。設計チームは、制御装置とユーザーインターフェースで高度なデジタル化を実現しなければならないとわかっていた。しかし、それが実際にどういうことなのかは明確ではなかった。

設計チームにはもともと、デジタル技術と顧客ニーズを調査しようとする傾向があった。言うまでもなく、このプロジェクトにはどちらも欠かせない。しかし経営幹部は、誰に対して価値を生み出すのかに関して、より広い視点で検討することをチームメンバーに求めた。たとえば、ポンプを設置する技師（他社の製品を扱う場合もある）も検討に含めて、彼らの業務環境やニーズも加味するように促していたのだ。

＊　＊　＊

デザイン思考プロジェクトを立ち上げたら、リーダーはそれでおしまいというわけにはいかない。チームの動きを注意深く見守り、関わるべき時を見逃すべきではない。チームメンバーがデザイン思考を活かす際に付いて回る感情や不安に対処するには、手助けが必要だ。手探りで回り道をすることが不可欠だとチームに発破をかけると同時に、プロジェクトが前進しているのだと、自信を持ってもらわなければならない。

その一方で、強引すぎてもいけない。チームは経営幹部の指示通りに動いているのではなく、それぞれで発見すべきことを発見し、自身がクリエイティブな業務に当たっていることを自覚する必要がある。デザイン思考プロジェクトを発足させたリーダーは、成功に向かってチームを鼓舞するコーチ役であり、必要な時には手を差し伸べ、プロジェクトが軌道に乗れば、後方支援に回るべき存在である。この役回りは、簡単ではない。デザイン思考が難しいのは、単なるチェンジマネジメントよりもっと本質的なこと——つまり、どんな変革が必要なのかを見極めること——が関わるためだ。

それでも、筆者らの調査に協力してくれたマネジャーたちは、多くのリーダーにデザイン思考プロジェクトを率いることができる、と身をもって示してくれた。

組織に変革をもたらすためには、リーダーたちは、どのようなリーダーシップを発揮すべきかを深く理解し、デザイン思考と他の手法がどのように違うかをしっかり把握しておかなければならない。

【注】

詳しくは、"Design Thinking," HBR, June 2008.（邦訳「IDEO：デザイン・シンキング」DHBR2008年12月号、本書第1章として収録）、"Design Thinking Comes of Age," HBR, September 2015.（邦訳「デザイン思考の進化」DHBR2016年4月号）を参照。前論文でティム・ブラウンは、デザイン・シンキングのアプローチについて『人々が生活の中で何を欲し、何を必要とするか』『製造、包装、マーケティング、販売およびアフターサービスの方法について、人々が何を好み、何を嫌うのか』、これら2項目について、直接観察し、徹底的に理解し、それによってイノベーションに活力を与えること」と定義している。

第**6**章

Jobs to Be Done：顧客のニーズを見極めよ

ハーバード・ビジネス・スクール 教授
クレイトン M. クリステンセン
ケンブリッジ・グループ プリンシパル
タディ・ホール
元『ハーバード・ビジネス・レビュー』編集者
カレン・ディロン
イノサイト シニアパートナー
デイビッド S. ダンカン

"Know Your Customers' 'Jobs to Be Done'"
Harvard Business Review, September 2016.
邦訳「Jobs to Be Done：顧客のニーズを見極めよ」
『DIAMONDハーバード・ビジネス・レビュー』2017年3月号

クレイトン M. クリステンセン (Clayton M. Christensen)
ハーバード・ビジネス・スクールのキム B. クラーク記念講座教授。

タディ・ホール (Taddy Hall)
ケンブリッジ・グループのプリンシパルで、ニールセンのブレークスルー・イノベーション・プロジェクトのリーダーを務める。

カレン・ディロン (Karen Dillon)
元『ハーバード・ビジネス・レビュー』編集者。

デイビッド S. ダンカン (David S. Duncan)
イノサイトのシニアパートナー。

4人の共著書に *Competing Against Luck: The Story of Innovation and Customer Choice,* Harper Business/Harper Collins, 2016. があり、本章は発行元に許可を得た同書の改編である。

真のイノベーションがなぜ生まれないのか

私たちが記憶している限り、イノベーションはいつの時代もリーダーたちの最優先事項であり、最大の悩みの種でもあった。マッキンゼー・アンド・カンパニーの最近の調査では、世界の企業幹部の84%が、自社の成長戦略にとってイノベーションは非常に重要だと答えている。ただ、圧倒的多数の94%が、自社のイノベーションの成果に不満があるとも言っている。当初描いた壮大な夢の達成にはほど遠いイノベーションが大半だという点には、多くの人々が同意するだろう。

ただ、その数字を見ても、どうも腑に落ちない。企業がいまほど、顧客のことを知っている時代はない。ビッグデータ革命のおかげで、量、種類ともに膨大な個人情報をこれまでになく迅速に収集し、それに基づいて高度な分析を実行できるようになった。多くの企業が組織的で統制の取れたイノベーションプロセスを確立し、高度なスキルを持つ人材を集めてそれを運用している。さらに、こうした企業の大半は、イノベーションのリスクを注意深く計算して、軽減策を講じている。

外部からは、各社とも精密で科学的なプロセスを使いこなしているように見える。しかし、その実、一か八かで苦し紛れにイノベーションを進めている企業がほとんどなのである。なぜ、こんなことになってしまったのだろうか。

根本的な問題は、企業が生み出す大量の顧客データの大部分が、相関関係を示す構造になっていることである。たとえば、「この顧客はあの顧客と類似している」「商品Bよりも商品Aのほうが好きだと答えた顧客が68%」といった具合だ。数字からパターンをあぶり出すことは興味深い作業だが、ある一つの事柄が実際に別の事柄を引き起こしているわけではない。相関関係と因果関係がイコールでないことは当然にもかかわらず、多くの経営者が相関関係に基づいて決断を下すことに慣れてしまっているように思われる。

では、そうした考え方が誤っているといえる理由は何だろうか。本稿の執筆者の一人、クレイトン・クリステンセンを例に考えてみよう。クリステンセンは64歳。身長は6フィート8インチ（約203センチメートル）で、足はサイズ16（約32センチメートル）。彼とその妻は、子どもを全員大学に進学させた。仕事に出かける時はホンダのミニバンに乗る。その他、いろいろな特徴を持つ人物だが、その中のどれ一つとして、彼が『ニューヨーク・タイムズ』紙を買う理由には当たらない。

彼が同紙を買うのはもっと特殊な理由による。たとえば、飛行機の中で何か読むものがほしい時や、バスケットボールファンの一人として「マーチ・マッドネス」(注1)のニュースが気になる時である。デモグラフィックス（人口統計）や、サイコグラフィックス（心理的属性）でクリステンセンの情報を集めて、他の購入者セグメントとの相関関係を見出そうとするマーケターは、彼の本当の購入動機にはたどり着けないだろう。

何十年にもわたり偉大な企業が失敗する様子を観察してきた筆者らは、一つの結論にたどり着いた。それは、企業が相関関係に焦点を当てると、そして顧客情報をよりよく知ることを重視すると、その企業は間違った方向に進んでしまうということだ。彼らが本当に狙いを定めるべきなのは、ある状況下で顧客が進歩を遂げようとしていること、つまり、彼らが達成したいと望んでいることである。これを筆者らは"job to be done"（片付けるべき用事）と呼んでいる。

人は誰でも、日々の生活の中で片付けるべき用事（ジョブ）をたくさん抱えている。些細なもの（例：列に並んでいる間に暇を潰す）もあれば、重大なもの（例：より充実したキャリアを見つける）もある。予期せぬタイミングで生じるもの（例：会議出席のために空路で出張したが、スーツケースがどこかへ行ってしまったため着替えを用意する）もあれば、定期的に発生するもの（例：毎朝、娘が学校に持っていくヘルシーな弁当を用意する）もある。

人が商品を購入することとは、本質的には何らかのジョブに役立てるために、その商品を「雇用」することである。その商品のおかげでジョブがうまくいけば、次に同じことをする時にも同じ商品を雇おうという気になる。反対に、役に立たなければその商品を「解雇」して、次の機会には別の商品を探すだろう（本稿では、企業が提供できるすべてのソリューションをまとめて便宜的に「商品」と呼ぶ。もちろん、雇用する「候補」として筆者らが検討できる対象は、しばしば企業の提供物の範囲をはるかに超える）。

この洞察は、クリステンセンがハーバード・ビジネス・スクールで20年にわたって教鞭を執る中で形成されたものだ（HBRに発表した論文「セグメンテーションという悪弊」（注2）を参照）。「片付けるべき用事」理論は、ある意味で「破壊的イノベーション」理論を補完するものとして開発された。破壊的イノベーション理論は、競争力を失わずにイノベーションに対処する方法に主眼を置き、破壊の危機にさらされる企業の行動を説明・予測したり、最大の脅威となる新規参入者についての理解を助けたりするものである。

だが、この理論では、顧客が購入したくなる商品・サービスを生み出す方法はわからない。これを説明するのが、「片付けるべき用事」理論である。購買活動の背後にある因果関係を明らかにするため、これまでどれだけのデータを集めてもたどり着かなかった方法で、顧客の選択に対する我々の理解を変えることができる。

生活を移動させるビジネス

10年前、イノベーションコンサルタントであり、筆者らの友人でもあるボブ・モエスタは、デトロイト地域のある建設会社のために、新築分譲マンションの売上増加を支援する任務に当たっていた。

この会社のターゲットは、ダウンサイジング（現在よりも小さな家への住み替え）を望む顧客、たとえば実家を引き払おうと考える退職者や離婚した一人親世帯などだった。1戸当たりの販売価格は、これらの層に訴求する12万〜20万ドルに設定した。上質な仕上げを取り入れた高級感のある物件で、きしみ音のしない床、3重防水の地下室、花崗岩のカウンターやステンレス鋼の家電などを取り入れた。そして十分な人数を揃えた営業チームが、週6日体制で、見学にやって来るあらゆる見込み客に対応した。マーケティングキャンペーンにも惜しみなく金を注ぎ込み、各種新聞の日曜版の不動産コーナーに大々的に広告を掲載した。

その結果、多くの人々が見学に訪れた。しかし、契約に至ったケースは少数だった。出窓のほうがよいのだろうか。フォーカスグループ調査を実施してその点を尋ねると、参加者は「よいと思う」と言う。そこで建築家はあわてて一部のモデルルームを改修し、出窓のほか、フォーカスグループがよいと言った細かい点をすべて追加した。だが、それでも売上げは改善しなかった。

この会社は、全戸について詳細な費用対効果分析を行っていたが、冷やかしで終わる客と購入する気になる客を分けるのは何かという点については、ほとんど手がかりがない状態だった。売上不振の理由を推測することは簡単だった。悪天候、販売担当者の力不足、景気後退の予感、休暇シーズンの客足減少、物件の立地などである。しかしモエスタは、これらの要素を調査する代わりに、通常とは異なるアプローチを取った。実際に購入に至った人たちを対象にして、どのようなジョブを片付けるためにこの物件を「雇用」したのかを調査したのだ。「物件購入に至るまでの経緯を、時系列に沿って説明してもらいました」と彼は振り返る。

大量のインタビューで得られたパターンの整理を通して、モエスタがまず把握したのは、購入に至る可能性が高い顧客を識別するうえで役に立たない要素である。物件購入者は全員ダウンサイジングを目的としていたが、デモグラフィックスやサイコグラフィックスの観点からの明確な特徴は見られなかった。また、物件の一連のセールスポイントの中に、購入を後押しした決定的な要素があったわけでもなかった。

ただ、購入者との会話を通して意外なヒントが見えてきた。それは、ダイニングテーブルである。見込み客が同社に伝える希望は、広いリビングルーム、広い来客用ベッドルーム、そして気軽に客をもてなせる朝食用カウンターだった。一方、改まったダイニングルームは不要だとしていた。にもかかわらず、モエスタが購入者の話を聞いたところ、ダイニングテーブルという言葉が何度も出てきたのだ。「口々に、『いまあるダイニングテーブルを何とかできれば、気兼ねなく引っ越せるのだが』と話すのです」とモエスタは言う。彼も同僚も、なぜダイニングテーブルがそれほど重要なのか理解できなかった。多くの場合、彼らの話に出るのは使い古した流行遅れのテーブルで、慈善団体に寄付したり、あるいは近所の集積所に捨ててしまったりすれば済むのではないかと思われたからである。

しかし、クリスマスに自宅のダイニングテーブルを家族で囲んだ瞬間、モエスタは理解した。彼の家族は、誰かが誕生日を迎えるごとにこのテーブルを囲んできた。祝祭日もそうだった。宿題を広げたのもこのテーブルだった。テーブルは家族そのものだったのだ。

そして彼は、顧客が新居購入を決断しないのは建設会社が提供する機能に不足があるからではなく、自分にとって大切な何かを手放すことに不安を感じるためではないかという仮説を立てた。そうして結局、古い家具を家族の誰かが引き取ってくれるかどうかが、マンション購入という10万ドル単位の決断を左右していることがわかったのである。

このような認識にたどり着いたことで、モエスタとチームメンバーは、潜在的な住宅購入者が抱える葛藤を徐々に理解できるようになった。モエスタは、「新しい家を建てるビジネスをしていると思っていましたが、実は生活を移動させるビジネスなのだと気づきました」と話す。

こうして得た「片付けるべき用事」に対する理解を踏まえて、同社の物件には小さいながらも重要な変更が多数加えられた。建築家が来客用ベッドルームを縮小して、ダイニングテーブルを置くスペースを確保したのはその一例である。また、同社は引っ越し自体がもたらす不安の軽減も重視した。引っ越しサービスや2年分の貸し倉庫サービスを提供したほか、家財をじっくり取捨選択できるように、開発敷地内に仕分け室を設けたのだ。

顧客が「片付けるべき用事」を深く理解したことで、この会社は他社が模倣しにくい、あるいは理解することさえできない方法で自社の物件を差別化することができた。見方を変えたことで、すべてが変わった。引っ越しサービスや倉庫サービスの費用を（利益を含めて）カバーするために、同社は物件の販売価格を3500ドル引き上げた。そして2007年、業界全体の売上高が49％も落ち込み、市場が急落する中、同社の事業は実に25％も成長したのである。

「片付けるべき用事」を把握する

優れたイノベーションは、顧客の問題解決に貢献する。すなわち、彼らの足を引っ張っている可能性がある不安や惰性をうまく解消し、必要な進歩を遂げられるようにするのだ。

しかし、ここで明確にしておくべきことがある。それは、「片付けるべき用事」は万能のキャッチフレーズではないということだ。そのジョブは複雑で多面性を持つため、正確に定義する必要がある。頭に入れておくべき原則を紹介しよう。

●「ジョブ」とは、個人がある状況下で真に達成したいことを、便宜的に表したものである。

こうした目標は通常、単刀直入な行動だけでは達成できない。そこで、その人が生み出したい経験に着目するとよい。マンションの購入者たちが求めていたのは、ダウンサイジングという特別な条件で新しい生活に移行することだった。彼らと住宅を初めて購入する人々とでは、置かれた状況はまったく違う。

●顧客の特徴、商品の性質、新しいテクノロジー、トレンドよりも、状況のほうが重要である。

前出の建設会社の場合、本質的なジョブを理解していなかった頃は、理想のマンションをつくることに躍起になっていた。しかし、顧客の状況というレンズを通してこのマンションを眺めてみると、まったく異なる競争の構図が見えてきた。たとえば、そのマンションの競合は他の新築マンションではなく、引っ越すのをやめておこうという顧客の考えだった。

●優れたイノベーションは、それまで不十分な解決策しかなかった、あるいは解決策がまったくなかった問題を解決する。

マンションの購入希望者は、家を持つことの煩わしさを避けて、よりシンプルに暮らすことを求めていた。しかし、それを達成するためには、いま住んでいる家を売ったり、多大な労力をかけて手元に残す家財を選別したりといった、ストレスを伴う作業に耐えなければならないと考えていた。それが嫌ならば、年を取るにつれて不都合が増えることを心配しつつも、現在の家に住み続けるという選択肢もあった。これらの条件をすべてクリアする第3の選択肢が提示されて初めて、彼らは住宅の購入者になったのである。

●ジョブは単なる機能の話ではなく、非常に社会的、感情的な面を持つ。

マンションにダイニングテーブルを置くスペースを確保したことは、購入希望者が抱く切実な不安感を和らげた。もしテーブルの引き取り先が見つからなくても、新居に持ち込めばよいからだ。また2年間の倉庫サービスと敷地内の仕分け室を用意したことで、購入者が家財の取捨選択に伴う感情の動きにゆっくりと向き合う猶予が生まれた。彼らのストレスを軽減することは、間接的に大きな違いをもたらした。

以上、ここまでB2Cのコンテキストで原則を説明してきたが、ジョブの重要性はB2Bのビジネスでも同じである。**章末**「B2B顧客のジョブを片付ける」に、その一例を挙げた。

ジョブを中心に商品・サービスを設計する

ジョブに関する理解を深めると、顧客がトレードオフを受け入れるかどうかを勘頼みで判断せずに、イノベーションを進めることができる。そのためには、ジョブの「仕様」を明らかにすることが重要だ。

ニールセン・カンパニーが2012〜6年に「ブレークスルー・イノベーション・リポート」で評価した2万点以上の新商品のうち、初年の売上高が5000万ドルを超えて2年目もそれを維持したものは、ラインアップ拡大のために似通った商品を投入した例を除くと、わずか92点だった（本稿執筆者の一人であるタディ・ホールは、同リポートの主執筆者である）。

一見すると、インターナショナル・デライトのアイスコーヒー、ハーシー・カンパニーのリーセス・ミニ、タイディ・キャッツ・ライトウェイトなどの商品は、偶然そこに並んだように見えるかもしれない。しかし、そこには一つの共通点がある。ニールセンによると、いずれの商品も、顧客が片付けられていない極めて具体的なジョブを、ピンポイントで達成してくれるのだ。たとえばインターナショナル・デライトのアイスコーヒーは、誰もが好む喫茶店のアイスコーヒーの味を家庭で楽しめるようにした。またタイディ・キャッツ・ライトウェイトのおかげで、ネコを飼う何百万人もが、重くてかさばるネコのトイレ用の砂を商品棚から下ろして購入し、車のトランクに載せ、階段を上って家まで運ぶ苦労から解放された。

ハーシーズのリーセス・ミニの場合は、何十年も前から存在する、ピーナツバターカップの新バージョンを展開しただけのように見えるが、どうやって爆発的な成功を収めることができたのだろうか。

同社のリサーチャーたちは、リーセスの熱狂的なファンが現行の形状の商品を「解雇」する際の状況を調べることから着手した。すると、いろいろな状況が浮かび上がってきた。たとえば、車の運転中、混み合った地下鉄の車内、テレビゲームで遊んでいる時などだ。このような状況ではオリジナルサイズの商品は大きすぎるし、手が汚れてしまう。だからといって、個包装タイプの小さな商品にも面倒がある。包みを開ける時に両手を使わなければならないからだ。さらに、食べた後に残るアルミホイルの包み紙を見て、「こんなに食べてしまったのか」という罪悪感が生まれるという。

そうしてハーシーズは、人々が小さめのサイズの商品を選ぶことで解決しているジョブに着目し、リーセス・ミニを開発した。リーセス・ミニでは、食べた量の証拠になる包み紙を排除した。そして底が平らなチャック付きのパッケージを採用し、片手で簡単に中の菓子を取り出せるようにした。その成果は驚くものだった。最初の2年で2億3500万ドルを売り上げ、画期的なカテゴリー拡大が実現したのである。

顧客経験を生み出す

「片付けるべき用事」を特定し理解することは、顧客が求める商品、それもプレミアム価格でも買ってもらえる商品を生み出す最初のステップにすぎない。商品の購入時や使用時の適切な経験をつくり出し、それを自社のプロセスに組み込むことも非常に重要である。

これに成功した企業に競合企業が追い付くことは困難だ。「アメリカン・ガール」の人形を例に取ろう。プレティーン（10〜12歳）の女の子との接点がない人には、1体100ドル以上もする人形を買い、人形のための洋服や本、アクセサリーにさらに何百ドルも使う人がいることを理解できないかもしれない。しかし、この人形の累計販売数は2900万体に達し、毎年5億ドル以上の売上げを誇る。

アメリカン・ガールの何がそこまで特別なのだろうか。人形自体が特別なわけではない。さまざまなファッションやエスニシティのバリエーションを揃えた、愛らしくてつくりのしっかりした人形だ。もちろん、それ自体も可愛らしいが、目を見張るほどではない。だが、アメリカン・ガールは30年近くにわたり市場を独占してきた。他社が模倣できない商品・サービスが存在する時、その商品自体に長期的な競争優位を生み出す源があることは稀である。

アメリカン・ガールがこれほど長く愛されているのは、この会社が実際には人形ではなく経験を売っているからである。一つひとつの人形は、米国の歴史上の異なる時代や場所に生きた女性たちを象徴していて、それぞれのバックグラウンドを説明する本がついてくる。女の子たちにとってこの人形は、想像力をはばたかせたり、この人形を持つほかの子たちと友だちの輪を広げたり、母親や祖母と忘れられない思い出を生み出したりする機会を与えてくれるものである。そして彼女たちの親、すなわち人形の購入者にとっては、過去の時代を生きた女性たちが体現した努力、強さ、価値観、伝統について娘と語らうきっかけをつくってくれるものである。

アメリカン・ガールを創業したプレザント・ローランドは、姪たちのクリスマスプレゼントを探していた時に、このアイデアを思い付いたという。彼女は姪たちに、女性らしさを過度に強調したバービー人形や、もっと小さい子ども向けののんきなキャベツ畑人形を贈りたくはないと考えた。アメリカン・ガールの人形とその世界観には、プレティーンの女の子が人形を「雇用」してどんなジョブを片付けるのかに対する、ローランドの繊細な理解が反映されている。それはたとえば、人形の力を借りて自分の感情を明確に声に出したり、自分が何者であるか、つまり自分のアイデンティティ、自意識、文化的・人種的なバックグラウンドを確認したり、自分も人生の困難を克服できるという自信を養ったりすることである。

アメリカン・ガールには、さまざまなプロフィールを持つ数十種の人形が揃っている。たとえば、「カヤ」は18世紀後半の米国北西部に暮らすネイティブアメリカンの女の子という設定で、その生い立ちを説明するストーリーには、彼女が持つリーダーシップ、思いやり、勇気、忠誠心が描かれている。「キルステン・ラーソン」はミネソタ準州に移り住んだスウェーデン移民の女の子で、苦労や困難に見舞われるが最後には成功を収める。アメリカン・ガールの魅力は、各キャラクターの生い立ちを紹介する、史実に忠実で読み物としてもよく書かれた本によるところが大きい。

ローランドと彼女のチームは、女の子たちのジョブを達成するために必要な経験をあらゆる角度からじっくりと検討した。人形を通常の玩具店では販売せず、通信販売で注文するか、アメリカン・ガールの直営店（最初は大都市圏に数カ所のみ展開）でしか購入できないようにした。直営店には人形の病院があり、絡まった髪を直したり、壊れた部分を修繕したりすることができた。子どもが喜ぶメニューを揃えたレストランを併設している店舗もあり、親、子ども、人形が一緒に食事を楽しんだり、親がバースデーパーティを主催したりすることもできた。そうしてアメリカン・ガールの店に行くことは、少女たちにとって特別なお出かけになった。人形を介して、けっして忘れられない家族の思い出がつくられているのである。

ローランドたちは、どんな細かい点もおろそかにしなかった。人形が入っている赤とピンクのしっかりした箱もそうだ。ローランドによると、かつて、箱に帯状に厚めの紙を巻く「ベリーバンド」仕様にするかどうかという点で議論があったという。ベリーバンドをつけた場合、包装プロセスの費用が2セント、所要時間が27秒増えるため、デザイナーらはつけないほうがよいと提案した。しかし、ローランドはこれを一蹴した。「私はこう言いました。『あなたたちは全然わかっていない。この商品を子どもたちにとって特別なものにするために、どんな展開が必要なのか考えてください。箱を開けたらシュリンクラップの人形が目に入るという体験をさせたくはありません。はやる気持ちを抑えて帯を外し、ふたを取り、中の薄紙を開くという手間をかけることが、箱を開ける時の高揚感になるんですから。玩具店の店内を歩いて、棚からバービー人形を取ってくるのとはわけが違います』と」

近年では、トイザらス、ウォルマート・ストアーズ、そしてウォルト・ディズニー・カンパニーまでもが、同じような人形をはるかに安価で提供して、アメリカン・ガールの成功に挑戦しようとしている。だが、マテル傘下に入ったアメリカン・ガールはここ2年間売上げを減らしてはいるものの、いまのところ同社の独占状態を脅かすライバルは現れていない。それはなぜだろうか。ローランドによれば、競合企業がこうした事業を「人形ビジネス」ととらえたのに対し、彼女は人形が愛される理由、すなわち人形が生み出す経験、物語、結び付きをけっして見失わなかったからである。

プロセスを同調させる

パズルの最後のピースはプロセスである。つまり、「片付けるべき用事」を支援するために、各部門をどう統合するかということだ。

プロセスは目に見えない場合も多いが、その影響力は非常に大きい。マサチューセッツ工科大学のエドガー・シャインが論じたように、プロセスは企業における暗黙の文化の重要な部分を占める。社内の人々に「我々にとって最も重要なこと」を教える役割を担うものだ。「片付けるべき用事」に関するプロセスに注目すると、チームメンバー全員に明確な指針を与えることができる。これは、企業が自社を最初の成功に導いた知見を不用意に破棄してしまうことを防ぐ、シンプルだが効果的な方法である。

このことを説明するよい例が、『USニューズ・アンド・ワールド・リポート』誌をはじめとする各種媒体で、米国で最もイノベーティブな大学の一つとして称賛されたサザンニューハンプシャー大学(SNHU)である。同校の過去6年間の収入は複合年間成長率で34%の伸びを示し、2016会計年度の年間収入は5億3500万ドルに迫った。

SNHUもかつては、他の学術機関と同様に、差別化と生き残りの道をなかなか見つけられずにいた。同校が長年取ってきた基本戦略は、昔ながらの学生層、すなわち高校を卒業して、そのまま進学する18歳に対する訴求力に頼っていた。マーケティングやアウトリーチはその全員を対象とする包括的なものであり、ポリシーや授業の提供モデルも画一的だった。

SNHUにはもともと、オンラインの「通信教育」プログラムがあった。学長のポール・ルブランいわく、「メインキャンパスの目立たない場所で行われる退屈なオペレーション」だったが、途中で辞めてしまった大学教育を再開しようとする人々に支持され、常に一定の受講生を集めていた。ただ、オンラインプログラムはすでに10年続いていたにもかかわらず、副次的なプロジェクトという扱いであり、大学はほとんどリソースを投入していなかった。

書類上では、通常課程と通信教育課程の学生には大差がないように見えるかもしれない。35歳であれ18歳であれ、会計学の学位を取るために必要な勉強内容は同じはずだ。しかし、ルブランと彼のチームは、通信課程の学生たちがSNHUを「雇用」して達成しようとするジョブと、「大学に行く年齢になった」ために入学した学生たちが達成しようとするジョブに、まったくと言ってよいほど共通点がないことを理解した。通信課程の学生の平均年齢は30歳で、仕事と家庭を両立しながら勉強する時間をひねり出そうと努力している。かつて大学に通った時の学生ローンの返済が終わっていない者も多い。社会活動やキャンパスライフは求めていない。彼らが高等教育に求めるものは次の4つに集約される。すなわち、利便性、顧客サービス、資格取得、履修期間の短さである。

チームはここに巨大なチャンスがあることに気づいた。SNHUの通信教育プログラムの競合相手は近隣の大学だけでなく、全国の大学や営利教育機関（フェニックス大学やITTテクニカル・インスティテュートなど）が提供する通信教育プログラムだった。さらに重要だったのは、形のない敵の存在だ。それはすなわち、教育を受けないという選択肢である。限界が知れていて追求する価値がないと思われていた市場が、突如として、未開拓の大きなポテンシャルを秘めた有望市場へと変わったのである。

しかし、同校の既存のポリシー、体制、プロセスの大部分は、通信課程の学生たちが実際に片付ける必要があるジョブをサポートする仕組みになっていなかった。どこを変える必要があったのだろうか。「ほぼすべて」だったとルブランは語る。

彼とチームはオンライン教育を2番手として扱うのではなく、むしろそこにフォーカスすることにした。教職員や管理者ら約20人が集まったセッションでは、ホワイトボードに入学者選考プロセスの全体図が描かれた。ルブランは「原子力潜水艦の概略図のようだった」と述べる。チームメンバーは、同校がこのプロセスの中で抱えている課題や、すでにある課題克服を支援できていない点をすべて丸で囲んだ。そして、それらの課題を一つずつ取り除き、通信課程の学生のジョブを満たすような経験で置き換えた。その結果、新たなフォーカスに伴う決定事項は数十件にも上った。
同校のチームがプロセスを再設計する際に投げかけた、主な問いを紹介しよう。

ある状況下で顧客が求める進歩を支援する経験は、どのようなものか

年齢の高い学生たちにとって、学資援助の情報は非常に重要だ。彼らは、はたして自分が教育を受け続けることは可能なのかということを確認する必要があり、時間も限られている。長い一日の終わりに、子どもがようやく寝静まった後で選択肢を検討することも多い。そのため、入学候補者の問い合わせに対して24時間後にメールで回答するという一般的な方法では、機会を逃してしまう可能性があった。
このようなコンテキストを理解した同校は、問い合わせから8分30秒以内に電話をかけるという内部目標を設定した。この迅速な個別対応は、入学候補者がSNHUを選ぶ可能性を大いに高めている。

取り除くべき障害は何か

入学見込み者に提供する学資援助パッケージや、以前の大学で取得した学位のSNHUでの取り扱いに関する判断は、数週間～数カ月ではなく、数日以内に行うようにした。

「片付けるべき用事」は、社会的、感情的、機能的にいかなる特徴を持つか

SNHUの通信教育プログラムは、社会に出てから学び直す人向けに全面的に再構築された。同校はジョブの機能的な側面（例：キャリアアップのために必要な訓練）だけでなく、感情的・社会的な側面

(例：学位を取ることに対する誇らしさ) でも学生たちに寄り添おうとした。

あるコマーシャルでは、同校のバスが全国を回って、キャンパスでの卒業式に出席できなかった通信課程の卒業生に、立派な額に入った学位記を授与する様子を追った。自宅で学位記を手にして嬉しそうな卒業生の映像に、「誰のために獲得した学位ですか」というナレーションが入る。ある女性は学位記を抱きしめながら「自分のためです」と答える。30代の男性は「母のためです」と言ってほほえむ。涙をこらえながら「お前のためだよ」と言う父親に、幼い息子は「おめでとう、パパ！」と可愛らしい声で応える。

ただし、おそらく最も重要なのは、学生を最初のクラスに登録させることはジョブを片付けるプロセスの始まりにすぎないと、同校が理解したことである。同校では通信課程の新入生全員にパーソナルアドバイザーがついて、定期的にコンタクトを取る。アドバイザーは時に、学生自身が気づくよりも早く危険な兆候を察知する。

継続教育の学生の場合、通常の学生に比べてこのようなサポートがはるかに重要である。彼らの日々の生活では、学習の妨げとなる障害がいくつも重なり合って発生するからだ。今週の課題を水曜日、あるいは木曜日までに確認していなかったら、アドバイザーから連絡があるだろう。単位試験の成績が悪かった場合も電話があるはずだ。授業だけでなく生活面も含めて、何か問題を抱えていないかどうかを確認するためだ。ノートPCの調子が悪くて苦労していたら、アドバイザーが新しいものを送ってくれるだろう。SNHUの通信教育プログラムが極めて高い顧客満足度 (10点満点中9・6点) を獲得しており、また卒業率（約50％）はほぼすべてのコミュニティカレッジを上回り、卒業率の低さが批判を受けている学費の高い営利機関をはるかに引き離しているのは、ここまで徹底したサポート体制を取っていることが大きな理由である。

SNHUは、同校のライバルになることを目指す機関にもオープンに向き合い、他の教育機関の幹部の視察ツアーや訪問を受け入れてきた。しかし、同校が通信課程の学生のためにつくり上げてきた経験やプロセスを他校が模倣することは難しいだろう。

SNHUは、これらの戦術をすべて一から編み出したわけではない。彼らがレーザーのような鋭いフォーカスで実施してきたのは、学生が同校を使って片付けようとしたジョブに、同校の無数のプロセスをきちんと対応させることだった。

＊　＊　＊

多くの組織が無意識のうちに、一貫性のない不満足な結果につながるイノベーションプロセスをつくり出してしまっている。大量のデータを用いたモデルをまとめるために時間と金を費やした結果、説明することには精通したが、予測することに失敗しているのだ。このようなアプローチを続ける必要はない。顧客がなかなか片付けられずにいるジョブをはっきりさせるところから始めれば、イノベーションはより予測可能で、より利益の上がるものになるはずだ。

このような視点を持たなければ、待っているのは一か八かのイノベーションである。その一方で、この視点を持つことで、運頼みの手法から脱却し、ライバルたちに差をつけられるのである。

「片付けるべき用事」を見極める

用事（ジョブ）を分析する際、自社がすでに収集したデータや調査結果を捨て去る必要はない。ペルソナ分析、エスノグラフィック調査、フォーカスグループ、顧客パネル、競争分析などは重要な知見を浮かび上がらせる格好の出発点になる。ここでは、顧客が支援を必要としているジョブを明らかにするための5つの問いを紹介する。

1　「片付けるべき用事」があるか

データ重視のこの時代に意外に思えるかもしれないが、最も優れたイノベーターの中には、ほとんど直感だけで方向性を決めて成功してきた者もいる。プレザント・ローランドは、姪たちとのつながりをつくってくれるようなプレゼントを探していた時に、「アメリカン・ガール」のチャンスを見出した。またシェイラ・マルセロは、自身が家族のケアで悩んだ経験をもとに、育児と高齢者介護のためのオンライン「マッチング」サービスであるケア・ドットコムを開始した。それからまだ10年も経っていないが、同サービスの会員は16カ国1900万人以上に増加し、1億4000万ドル近い収益を上げている。

2　消費が行われていない領域はどこか

商品を「雇用」していない人からも、雇用している人と同様に情報を得ることが可能だ。SNHUが年齢層の高い学習者に手を差し伸べることでチャンスを見出したように、消費が行われていない領域にこそ大きな商機が隠れていることが多い。

3　どのような次善策が編み出されているか

顧客がいくつかの次善策を用いて何とかこなしているジョブがあれば、そこに注目しよう。彼らはおそらく、現在の解決策に大いに不満を感じており、新たなビジネスの有望な基盤になる見込みがある。たとえばインテュイットは、小規模企業が個人向けアプリの「クイッケン」を使って社内の経理作業をしていることに注目し、小規模企業は重要な新規市場だと見抜いた。

4　避けたいと考えているものは何か

日々の生活の中には、やらずに済めばよいのにと思うジョブがたくさんある。筆者らはこれらを、「ネガティブな用事」と名付けた。ハーバード・ビジネス・スクール卒業生のリック・クリーガーは、息子が連鎖球菌性咽頭炎の検査を受ける時に、緊急治療室で何時間も待たされて歯がゆい思いをしたことをきっかけに、パートナーらとともにクイックメディクスを立ち上げ、これがCVSミニットクリニックの前身になった。ミニットクリニックでは飛び込みの患者もすぐに診察を受けることができ、深刻ではない病気（結膜炎、耳感染、連鎖球菌性咽頭炎など）については、ナース・プラクティショナー（一定の診断・治療ができる看護師）が薬を処方してくれる。

5　顧客が編み出した、既存商品の驚くような使い方はどのようなものか

消費者向けパッケージ商品の近年の大成功事例の中には、既存商品の意外な用途からジョブを発見したものが

いくつかある。たとえば、何十年も前から風邪薬として販売されてきた「ナイクル」を、一部の消費者は寝付きをよくするために(具合が悪くなくても)スプーン2杯ほど飲んでいることがわかった。これをヒントにして、不要な有効成分を取り除いて安眠のために服用できる「ジークル」が生まれた。

B2B顧客のジョブを片付ける

デス・トレイナーが共同創業したインターコムが開発するソフトウェアは、企業が自社のウェブサイトやモバイルアプリ、メール、フェイスブックのメッセンジャーを使って顧客とのコミュニケーションを維持することを支援する。

インターコムは、いまでは1万社以上の顧客を抱え、2015年には4倍の急成長を遂げた。同社はまだ初期段階のスタートアップ企業だった2011年の時点で、戦略の明確化のために「片付けるべき用事」の考え方を取り入れた。ハーバード・ビジネス・スクールの「成長とイノベーションフォーラム」のデレク・バン・ビーバーとローラ・デイが、トレイナーに話を聞いた。以下はその抜粋である。

フォーラム(以下太文字):**イノベーションや戦略に関する「ジョブ」のアプローチに出会った経緯を、お聞かせください。**

トレイナー（以下略）：ある意味、偶然だったといえますね。2011年当時、インターコムには4人のエンジニアしかおらず、ベンチャーキャピタルの支援もささやかなものでした。私は、ある会合でスタートアップの経営方法についてスピーチする依頼を受けていました。その会合の冒頭で、クレイトン・クリステンセン氏が「片付けるべき用事」に言及したのです。

なぜその話が印象に残ったのでしょうか。

我々は当時、方向性を模索していました。インターネット企業が顧客とコミュニケーションを図ること、それもパーソナライズされた方法でそれを実現することを支援したいというのは確かでした。そして、我々の提供する機能には価値があるということにも自信がありました。

しかし、誰が使ってくれているのかがまったくわかっていませんでした。顧客サービス部門、マーケティング部門、それとも市場リサーチ部門でしょうか。それだけでなく、正確にどのような目的で使われているかも把握できていなかったのです。

そうした問いに、それまではどのようなアプローチで対処していたのですか。

ペルソナベースのアプローチでセグメント化を行っていましたが、機能していませんでした。デモグラフィックスの特徴や役職などの要素で分類して、大量の「典型的ユーザー」を想定しましたが、それらの間にほとんど共通点がなかったのです。人々がなぜ弊社のプラットフォームを選び、何のために利用しているのか、を理解していなかったため、私たちはプラットフォームの利用者全体に一律の料金を適用していました。
しかし、「顧客」と「人々が支援を必要としている問題」の違いを理解した瞬間、ぱっと視界が開けました。そして共同創業者のヨーアン・マケイブに電話し、「ジョブを片付けることに焦点を当てた会社をつくろう」と話したのです。

貴社が携わるべきジョブをどのように見極めたのですか。

このアプローチについて豊富な経験を持つ、イノベーションコンサルタントのボブ・モエスタ氏の協力を得ました。ボブと彼のチームは、2種類の顧客に個別インタビューを行いました。最近弊社のサービスに申し込んだ顧客と、サービスを解約した、あるいはサービスの利用方法を大きく変えた顧客です。

彼の狙いは、顧客が購入を決めるまでに発生するイベントを時系列でとらえ、その決断を最終的に後押しする「力」を理解することでした。顧客が新しい商品の購入を検討する時には、必ず何らかの葛藤を抱えているというのが彼の持論です。彼はこれを「悪戦苦闘の時間《ストラグリング・モーメント》」と呼んでいます。そこには何らかの行動、つまり解決策を「雇用」して問題を解決することを迫るプレッシャーが存在しています。また惰性、変化に対する恐れ、不安など、行動を押し留めようとする力が働いています。ボブの全体的な目標は、顧客がその葛藤を解消してインターコムを雇用するに至る理由と、雇用後のインターコムの働きぶりを、顧客の言葉で説明することでした。

インタビューをじかに聞く機会が4回ありましたが、結論を急がないように努力しました。注目すべき点が2つありました。1つ目は、弊社のサービスを試用した見込み客はたいてい事業に苦戦していたということです。成長が頭打ちで、新しいことを試す準備ができていました。そして2つ目は、顧客が弊社の商品を説明する時に使う言葉と私たちが使う言葉に、大きな違いがあったということです。たとえば、弊社のサービスを新規会員の登録に使う顧客は、「働きかけ《エンゲージ》」という言葉を頻繁に使っていました。私たちが使う「アウトバウンドメッセージの送信」という言葉とは、かなり印象が異なります。

ボブによると、こうした状況は頻繁に見られるそうです。企業は、自分たちにしかわからない業界用語を使って満足してしまいます。そして、自社が実現する価値よりも提供する技術にばかり注目しがちなのです。

顧客が貴社を使って片付けようとしているジョブについて、どのようなことがわかりましたか。

そこには、異なる4つのジョブがあることが判明しました。

1つ目は観察の支援。自分たちの商品を使用するのはどんな人々で、どのように使用しているかを知りたいということです。2つ目は働きかけの支援。会員登録した人をアクティブユーザーへと変えるためです。3つ目は学びの支援。適切な相手から多くのフィードバックを得たいということです。4つ目は顧客サポートの支援。自社の顧客が抱える問題を解決したいということです。

顧客が片付けようとしているジョブはさまざまだということが判明したのを踏まえて、貴社の事業をどのくらい変更しましたか。

大いに変更しました。いまではこれらのジョブに対応するように、異なる4つのサービスを提供しています。そして弊社の120人体制のR&Dグループは、ジョブに合わせて4チームに分かれていて、各ジョブをさらに深く研究しています。
　要するに私たちは、汎用的に見えて、実際には誰の役にも立たないサービスを提供していたということです。すべてのサービスを必要とする顧客はいないため、当初の料金は高いと思われていたのです。

そうした変化は、どのような結果をもたらしましたか。

　見込み客が最初に片付けたいジョブに合わせて、弊社サイトの一部のみを利用できるようになったため、コンバージョン率が上昇しました。また、いまでは顧客との関係を育てるための合理的な道筋ができたので、顧客組織の全体にわたって、複数の販売経路を確立することが可能になりました。

【注】

（1）全米大学体育協会（ＮＣＡＡ）の主催で毎年3月に行われる男子バスケットボールトーナメント。

（2）Clayton M. Christensen, Scott Cook, and Taddy Hall, "Marketing Malpractice: The Cause and the Cure," HBR, December 2005.（邦訳「セグメンテーションという悪弊」ＤＨＢＲ２００６年6月号）。

第7章

【実践】リバース・イノベーション

マサチューセッツ工科大学 助教授
エイモス・ウィンター
ダートマス大学 タックスクール・オブ・ビジネス 教授
ビジャイ・ゴビンダラジャン

"Engineering Reverse Innovations"
Harvard Business Review, July-August 2015.
邦題「【実践】リバース・イノベーション」
『DIAMONDハーバード・ビジネス・レビュー』2015年12月号

エイモス・ウィンター
(Amos Winter)
マサチューセッツ工科大学機械工学部ロバート N. ノイス・キャリア開発記念講座助教授。グローバル・エンジニアリング研究所ディレクターを兼ねる。

ビジャイ・ゴビンダラジャン
(Vijay Govindarajan)
ダートマス大学タックスクール・オブ・ビジネスのコックス・ディスティングイッシュ記念講座教授、ハーバード・ビジネス・スクールのマービン・バウアー記念講座研究員。

リバース・イノベーションがなかなか浸透しない理由

欧米の多国籍企業は、ゆっくりだが着々と気づき始めている。発展途上国で製品やサービスを設計し、グローバル向けに微調整を加えてから、先進国に輸出するのが得策かもしれない、と。このプロセスは、先進国で最初にモノづくりを行うこれまでのアプローチとは逆方向なので「リバース・イノベーション」と呼ばれる。これによって、企業は先進国と途上国の両方のよい所取りが可能になる。リバース・イノベーションが最初に論じられたのが、本稿の筆者の一人であるビジャイ・ゴビンダラジャンが6年前にHBR誌に発表した共著論文である（"How GE Is Disrupting Itself," HBR, October 2009.を参照）。(注1)

しかし、リバース・イノベーションという動かしようのない論理があるにもかかわらず、新興国市場で製品を生み出し世界中で販売しているのは、コカ・コーラ、ゼネラル・エレクトリック、ハーマンインターナショナル、ネスレ、ペプシコ、プロクター・アンド・ギャンブル、ルノー、リーバイ・ストラウスなど、ごく少数の多国籍企業にすぎない。インドのジェイン灌漑システム、マヒンドラ・アンド・マヒンドラ、タタ・グループといった新興国の巨人でさえ、両タイプの市場でヒットする製品やサービスをつくり出すのに手を焼いてきた。

我々は、多国籍企業が着手したリバース・イノベーションのプロジェクトを分析することでこの課題に取り組んできており、今年（２０１５年）で3年目になる。筆者らの研究によれば、新興国市場特有の経済的、社会的、技術的な背景を見誤っているせいで問題が生じているようだ。ほとんどの欧米企業の製品開発担当者は、これまで自分たちと似た人々を対象に製品やサービスをつくってきており、消費パターンやテクノロジーの活用、ステータスの認識が大きく異なる新興国市場の消費者を、本能的に理解できない。経営幹部たちは新興国市場の制約条件を克服する方法、もしくは、途上国ならではの自由な発想を巧みに活かす方法をなかなか見極められないでいる。彼らは前進させる方法を見出せず、リバース・イノベーションを首尾よく展開するうえで妨げとなる観念的な落とし穴にはまる傾向があるのだ。

筆者らの研究は、一定の設計原則を守れば、経営幹部がこうした落とし穴を避けられることも示しており、リバース・イノベーションの手引きにもなる。多国籍企業との協業や、もう一人の筆者であるエイモス・ウィンターが率いるマサチューセッツ工科大学（ＭＩＴ）のエンジニアチームがじかに体験したことなど通じて、これらの原則を導き出している。

ウィンターのチームは6年かけて、途上国市場向けのオフロード用車椅子を設計した。この製品は「レバレッジド・フリーダムチェア」（Leveraged Freedom Chair:LFC）という名称で、現在はインドで製造されており、速度は通常の車椅子の１・8倍、駆動効率は1・4倍である。販売価格は約２５０ドルと、他の途上国向け車椅子と同程度だ（**図表7-1**「レバレッジド・フリーダムチェア〈ＬＦＣ〉の主な優位性」を参照）。高性能でかつ低コストを可能にするテクノロジーは、欧米バージョンの「ＧＲＩＴフリーダムチェア」にも取り入れられている。このバージョンは消費者のフィードバックを踏まえて修正を加えたもので、米国では競合品の半額以下の３２９５ドルで販売されている。

これから説明していくように、工学技術が戦略と創造的に交差した時に、リバース・イノベーション

図表**7-1**｜レバレッジド・フリーダムチェア（LFC）の主な優位性

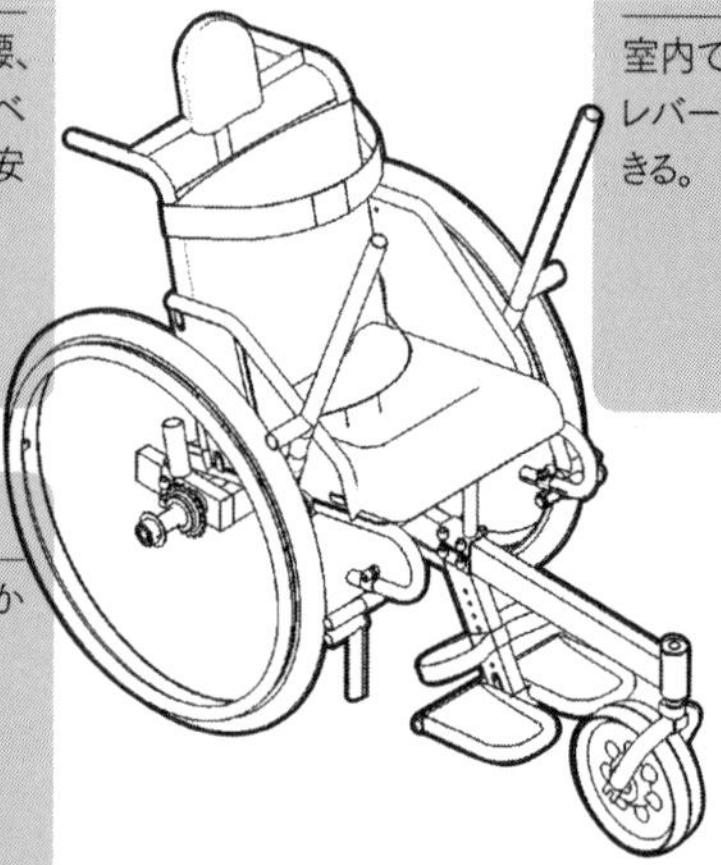

さらなる安全性

ホイールベースが長く、腰、胸、足を固定するシートベルトにより、ユーザーの安全を守る。

多目的性

室内で使いやすいように、レバーを取り外して保管できる。

安価な製造・修理

どの自転車屋でも見つかる部品でつくられている。

疲れにくい

ユーザーは車椅子を前進させるために、それほどエネルギーを使わずに済む。

スピードと全地形対応

レバーを使えば、平坦な場所でスピードを出したり、悪路に合わせて回転力を生み出したりすることができる。

出所：GRIT/Asme Demand

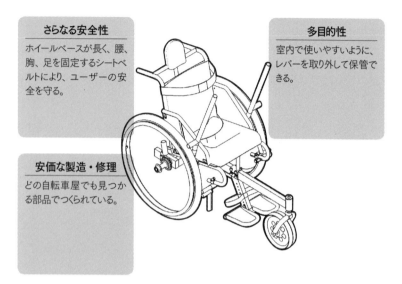

のプロセスは成功する。企業はしかるべき製品やサービスを設計し、その投資対効果を理解すれば、事業機会をつかむことができるのだ。リバース・イノベーション創出へと導く原則を見つけ出すのに、機械工学と経営戦略という2つの学術分野の教員が必要だった理由もそこにある。

5つの落とし穴とその避け方

多国籍企業はたいてい、あらゆる製品について3つのバリエーションを設定している。最高性能でプレミアム価格の最高級品と、その80％の性能および価格の上級品、そして70％の性能および価格の良品である。非常に高い期待を抱きつつも極めて財力の乏しい消費者がいる新興国市場に食い込むために、多国籍企業は通常、先行投資リスクを最小化する設計哲学に従う。良品のバリュー・エンジニアリング（価値の最大化）に励み、50％の価格で50％の性能を提供する「適正な」製品へとダウングレードするのだ。

これは十中八九うまくいかない。途上国では、「適正な」（十分なレベルの）製品は中間層にとって高すぎることが判明するばかりか、懐に余裕のある高所得層が好むのは最高級品なのである。それと同時に、規模の経済やサプライチェーンのグローバル化のおかげで、地元企業はいまや、高価値の製品を比較的安価に、以前よりも速いスピードで生み出しつつある。その結果、大半の多国籍企業はごくわずかなローカル市場しか獲得できていない。

多国籍企業が途上国の消費者を取り込むには、既存の製品やサービスの性能と同等かそれを上回りつつ、コストを抑えなくてはならない。言い換えると、10％の価格で100％の性能を実現しなくてはならないのだ。こうした破壊的な製品や技術を生み出してこそ、地元のライバルを凌駕し、価格でも切り崩せるようになる。しかし前述の落とし穴のせいで、企業はこの難問に対処できずにいる。そのような落とし穴を避けるためには、次の5つの設計原則に従わなくてはならない。

落とし穴1　市場セグメントを既存製品に合わせようとする

多国籍企業が途上国向け製品をつくり始める際に、既存の製品やプロセスが大きな影響を及ぼしている。当初は、既存製品を適応させたほうが一から開発するよりも手っ取り早く、安価で、リスクも少ないように見える。実績ある製品に修正を加えたものが低所得層の顧客にアピールしないというのは、いま一つ納得がいかないものだ。設計担当者は既存のテクノロジーから抜け出せずに苦労する。

米国のトラクターメーカーのディア・アンド・カンパニーは百戦錬磨のグローバルプレーヤーだが、インドでこの問題に直面した。ディアは当初、新興国市場向けに入念に修正を施したトラクターを販売した。しかし、同社の小型トラクターは米国の大規模農場向けに設計されてきたので、旋回半径が大きかった。インドの小作地は非常に狭く、互いに近接していたので、地元の農民は小回りの利くトラクターを好む。ディアはローカル市場向けトラクターを一から設計した後でようやく、インドで成功を味わうこととなった。

設計原則1　解決策から離れて、問題を定義する。

問題を定義する前にあらかじめ考えていた解決策を捨て去れば、最初の落とし穴を避けられ、既存の製品ポートフォリオの外側にあるチャンスを見極めやすくなる。

新興国市場で潅漑農業をする時の問題を考えてみよう。農家は、電気を使えば送水ポンプを動かし農地に水を撒くことができるから、送電網の拡張には賛成するだろう。しかし、農家に必要なのは電気ではなく、水である。真のニーズは作物に水を撒くことであって、ポンプの動力源ではないのだ。問題を分けて考えれば、畑の近くに池をつくったり、太陽光ポンプを使ったりしたほうが、送電網の拡張よりもコスト効率がよく、環境に適していることをエンジニアたちは発見するかもしれない。

経営幹部は問題を明確にする際、はっきりと言葉には出さなかったもののニーズを示すような顧客の行動に目を向け、耳を澄まさなくてはならない。2002年にコモンウェルス通信協会の研究員が報告したところによれば、東アフリカでは村に住む家族や友人に通話時間を振り替え、譲り受けた人はそれを使用したり転売したりしていた。そうすれば、都市の出稼ぎ労働者は多額のお金を所持して危険な長旅をしなくても、家にお金を持ち帰ることができるのだ。これは、送金サービスへの潜在需要を示唆していた。だからこそ、モバイル送金サービス「Mペサ」が誕生し、成功を収めたのである。

設計のプロセスに手をつける前に、グローバル市場を徹底的に研究するとよい。たとえば、MITのチームが車椅子市場を分析した時に、車椅子を持っていない障害者が4000万人存在し、そのうちの

70％は農村部に住んでいること、そして教育や就労、市場、地域社会とつながりを持つには、多くの場合デコボコ道やぬかるみを通るしかないことが明らかになった。環境条件は過酷であり、その結果として従来の車椅子はすぐに壊れ、修理もままならなかった。ほとんどの人は貧しかったので、NGO、宗教団体、政府機関からの補助金により無料もしくは安価に車椅子を入手していた。こうした支援団体は1台につき250～350ドルを支払うことをいとわなかった。すなわち、これが重要な価格の制約条件である。

車椅子利用者は誰も、自分が望む移動方法を実現するにはどんな解決策が必要なのか、詳しく話してくれなかった。そこでチームは見たり聞いたりしながら、市場のニーズを見つけ出さなければならなかった。ひらめきを得るため、チームは耳にした数々の不満を活用した。たとえば、村の道では車椅子を押しにくかった。手動式三輪車タイプは室内では大きすぎた。輸入品の車椅子は村で修理できなかった。仕事場との距離は1マイル（1・6キロメートル）以上になることが多くて疲れてしまった、といった内容だ。

消費者ニーズを調べた結果、次の4つの設計要件が明らかになった。

❶価格は約250ドルとする。
❷移動範囲は1日3マイル（4・8キロメートル）だが、さまざまな地形を通る。
❸室内でも利用や操作がしやすい。
❹簡単にかつ低コストでメンテナンスでき、地元で修理可能である。

こうした基準からは、どのような形状の車椅子にすればよいか、ほとんどわからなかった。しかし、チームがこれらの要件のどれかを満たさなかったり、既存の解決策を押し付けたり、自分たちで勝手に思い込んだりすれば、おそらく失敗していただろう。

落とし穴2　機能を省いて価格を下げようとする

これが新興国市場の消費者の手に届く製品にする方法だと思っている多国籍企業が多い。途上国の人々がより低い品質や旧式のテクノロジーに基づく製品を喜んで受け入れるというのは、議論を呼ぶ点である。このアプローチは往々にして間違った意思決定やお粗末な製品設計につながってしまう。

たとえば、米国の3大自動車メーカーの一社は、1990年代半ばにインド進出を決定し、デトロイトの製品開発担当者にふさわしいモデルをつくるよう命じた。設計者は既存の中価格帯の車を採用し、後部ドアのパワーウインドーなど、インドには不要だろうと感じた機能を取り去った。新モデルの価格は、インドの所得ピラミッドの上位層には手の届く範囲だった。こうした上位層にはお抱えの運転手がいる。前部座席の運転手はパワーウインドーを利用できるのに、後部座席のオーナーは手回しで窓を開けなくてはならなかったため、顧客満足度は著しく下がることになった。

設計原則2　新興国市場だから得られる自由度の高い設計を使って、骨抜きの解決策ではなく、最適

な解決策を生み出す。

新興国市場には制約条件が多いが、新興国ならではの自由度の高い設計も利用可能である。その自由度もさまざまな形を取る。エジプトは照射量が多いので、電力供給が不安定な地域では太陽光発電が魅力的な方法となる。インドは人件費が安く原材料費が高いので、手作業のコスト効率が高い。行動上の違いですら、企業の選択肢を広げたりする。たとえば、アフリカの一部の消費者は、屋上アンテナの購入を優先させる。企業は利用者のニーズだけでなくウオンツにも訴求しなければならないことが示唆される。

自由度の高い設計について入念に考えることは、MITチームが多くの目標を実現するのに役立った。たとえば、ギア付き自転車と同じように、複数のギアを装備した機械システムを用いる車椅子は、途上国でも利用可能だが、非常に高価で、購入できる人はほとんどいなかった。代替案を考えざるをえなくなったエンジニアが、椅子の動きを速めたり遅くしたりする駆動装置で活用できるものとして狙いをつけたのは、腕を大きく動かせるという人間の能力だった。この能力は新興国市場に特有なものではないが、新興国特有の要件である低価格で高性能を実現させようという思いがなかったら、その活用を考えもしなかっただろう。

MITチームは、2本の長いレバーがついたLFCを設計した。このレバーを押せば前進する。また、ユーザーがレバー上で手の位置を変えると、スピードが変化する。上り坂ではレバーの高い位置を握り、てこの原理を活用する。「低速ギア」となって、車椅子のリムを押す回転力が1・5倍になる。平らな道ではレバーの低い位置を握り、より大きな角度で押し出して速く動かせば、標準タイプの車椅子よりも75％高速になる。ブレーキをかける時には、レバーを引き戻す。

チームは、動力源とギアボックスという、マシンの最も複雑な部分をユーザーに委ねてしまうことで、シンプルな単一速度の自転車部品からこの駆動装置を組み立てることができた。実際、自転車部品が使用可能であることは、チームが自由度の高い設計に踏み切れたもう一つの理由だった。途上国の人々は自転車を頻繁に使い、予備の部品在庫を持った修理店は、ほぼどこにでもある。自転車部品を駆動装置に組み込むことで、ＬＦＣはとりわけ農村部で、低価格でかつ維持可能で、修理しやすいものとなった。

落とし穴3　新興国市場における技術要件すべてについて熟慮することを忘れる

エンジニアは途上国で製品やサービスを設計する際に、先進国と同じ技術的状況で取り組んでいるように思い込んでしまう。しかし、科学法則はどこでも共通だとしても、新興国市場の技術インフラはまったく異なる。エンジニアは、物理特性、化学的性質、エネルギー、エコロジーなど問題の背後にある技術的要因を理解し、厳密に分析し、取りうる解決策の実現可能性を判断しなくてはならない。

綿密に計算すれば、市場に関する仮説の検証や反証ができる。アフリカ向けに設計された「プレイポンプ」（PlayPump）を例に考えてみよう。これは、村の子どもたちがメリーゴーランドを押す時の力を使い、地上からタワーに水を送り込むというものだ。子どもたちに遊びながらコミュニティに役立つことをしてもらうのは、どの尺度から見てもウイン・ウインである。さらに第1次技術分析では、その技術的前提は理にかなっていることが示された。

総勢1000人の村で1人につき1日3リットルの飲料水を必要とし、3000リットルの水が溜められる高さ10メートルのタワーがあるとしよう。高校の物理学を用いて計算すると、25人の子どもがそれぞれ10分遊べば、理論上はタワーがいっぱいになる。

ところが、さらに分析していくと、見方が変わる。結局のところ、子どもたちがメリーゴーランドを回すのは、目が回るまで乗るためだ。子どもたちの押す力がすべて水を汲み上げるために使われたならば、押すのをやめたとたんに、メリーゴーランドは止まってしまう。それでは面白くも何ともないのだ。押す力の半分はメリーゴーランドを回すために、もう半分は水を汲み上げるために振り向けるならば、エネルギーの必要量は倍になる。タワーを満たし続けるには、50人の子どもが毎日10分ずつプレイポンプを使わなければならない。

深さ10メートルの井戸から水を汲み上げる場合、2倍のエネルギーが必要になり、100人の子どもがメリーゴーランドを使わなくてはならない。効率のロスを考慮に入れると、必要な人数は200人になるかもしれない。暑かったり、湿度が高かったり、寒かったりして、子どもたちがプレイポンプで遊びたがらなかったら、どんなことが起こるだろうか。その場合、村ではどうやって水を入手すればよいのか。プレイポンプのつくり手がそうした要因をすべて計算に織り込んでいたならば、それが技術的に実現可能な解決策ではないことに気づいていただろう。

2000年の世界銀行市場開発賞を受賞し、2006年に1640万ドルの寄付が約束されたにもかかわらず、プレイポンプ・インターナショナルは2010年にプレイポンプのユニットを新設するのをやめた。プレイポンプはよいアイデアのように思われたが、村の給水設備には安定的な動力が必要であり、子どもの遊びではそれが保証されなかったのだ。

設計原則3　消費者の問題の背後にある技術的状況を分析する。

根底にある技術的関係は、途上国では著しく違って見えるかもしれない。たとえば、都会に住むインド人の家には地方自治体の加圧給水システムから水が届けられる。それは米国で目にするものと似ており、水漏れがあれば、水は外へ出るが、汚染物質は混入しないようになっている。ところが、ほとんどのインド人世帯はブースターポンプを使って自治体のパイプから屋上タンクに水を引き込んでいる。この採水によって地面からパイプの中に汚染物質が混入し、米国ではあまり起こらない汚染のメカニズムが生じている。

社会的、経済的な要因によって製品の技術要件が決まることも多い。たとえば、企業が低所得層の農家向けに安価なトラクターを販売したいと思っているなら、軽量にしなくてはならない。トラクターの価格の大部分を左右するのは原材料費だ。それから、重量を抑えることで、機械の性能、特にトラクションと牽引力にどれだけ影響が及ぶかを確認しなくてはならない。このうち牽引力は重要だ。なぜなら、新興国市場では農家はトラクターを畑だけでなく、人の交通手段などの雑用にも使うからである。

エンジニアが技術的状況を研究することにより、周囲の創造的道筋だけでなく、ペインポイント（悩みの種）も確認することができる。エネルギー、力、熱伝導などの要件を理解すれば、それらを満たす斬新な方法が浮かび上がってくる。

前述したように、LFCは人力で動かし、モーターや動力源のコストを省いている。ただし設計チームは、ユーザーの上半身の力がどのように推進力をもたらしうるかを見つけ出す必要があった。また、人間の腕から生み出されるパワーやエネルギー、さまざまな種類の地形における必要量も計算しなくてはならなかった。設計担当者は最終的に、2本のレバーの最適な長さを割り出し、ユーザーが普通の地形を最大効率で移動することができ、ぬかるみや砂地など厳しい状況でも問題なく前進するのに十分な力を出せるようにした。

落とし穴4　利害関係者を顧みない

消費者のニーズや要望について製品設計担当者を教育するには、パラシュートで降下するように数日間、新興国市場に送り込み、いくつかの都市や村落、スラム街を車で回り、現地の様子を観察させればいいと思っている多国籍企業が多いようだ。それらを見ていれば、現地の人々が購入する製品を開発するのに十分だと思い込んでいる。しかし、そんなことが真実であろうはずがない。

設計原則4　なるべく多くの利害関係者を交えて製品をテストする。

企業は設計プロセスの最初に、製品の成功を左右する一連の利害関係者をすべて洗い出すとよいだろう。誰がエンドユーザーか、どのようなニーズかと尋ねることに加えて、誰がその製品の生産、流通、販売、支払い、修理、廃棄をするかについても考慮しなくてはならない。これは製品のみならず、拡張可能なビジネスモデルの開発にも役立つだろう。

利害関係者のためではなく、利害関係者と一緒に設計しているという態度を取るのがベストである。対等に扱えば、彼らはプロセスに参加して、率直なフィードバックを提供してくれそうだ。たとえば義肢を設計しているのなら、足を切断した患者や、義肢を提供する診療所、その支払いを受け持つ組織と協力することだ。あなたが健常者ならば、どれほど多くの博士号を取っているかは関係ない。途上国での義肢装具を使った生活がどのようなものかは、あなたには依然としてわからないことだ。

MITチームは、車椅子メーカーや途上国全域のユーザーと一緒にパートナーシップを形成した。これらの利害関係者は、どうすれば車椅子がよりよいものになるか、製造しやすくなるか、もっと頑丈になるか、安価になるかについてインサイトをもたらし、いくつかの特徴に関するアイデアを出してくれた。チームは地元の車椅子メーカーや提供団体と協力しながら、東アフリカ、グアテマラ、インドでフィールドテストを行い、さらにフィードバックを集めた。このテストは多大な影響があり、結局、数カ所について設計を修正することとなった。

最初のプロトタイプは東アフリカの起伏の多い地形ではうまく動いたものの、室内には不向きだった。MITの設計担当者は気づいていなかったが、標準サイズの玄関を通り抜けるには幅が広すぎたのだ。また、競合品よりも20ポンド（約9キログラム）重かった。その次のプロトタイプはグアテマラでテストした。座席を臀部にフィットさせ、車輪をフレームに近づけ、狭いタイヤを使うことにより、車椅子の幅を狭めた。構造分析を行ってフレームの強度重量比を最適化し、可能な場所はすべて資材を減らして、重量も20ポンド落とした。このバージョンは室内での動きは上々だったが、数人のユーザーが起伏の多い道を通る時に椅子から落ちそうだと感じた。そこで、インドでテストした際には、ユーザーの安全を守るために足、腰、胸にシートベルトを装備した。この第3バージョンに対するユーザーの評価は、従来の車椅子と室内では同等レベル、かつ屋外でははるかに優れているというものだった。

エンジニアがどれほど完璧主義だったとしても、ユーザーは使い手でなければ気づかない設計上の不備を明らかにしてくれる。たとえば、ユーザーが提案した7つの主要な改善のうち、東アフリカでのテスト前にMITチームにわかっていたのは、LFCの重量超過を解消することだけだった。潜在ユーザーと一緒にフィールドでプロトタイプをテストし、その製品を普及させる組織と一緒に解決策を策定することは極めて重要だ。設計は繰り返しであることを忘れてはいけない。最初から正しく理解するのは不可能なので、多くのプロトタイプをテストする準備をすることだ。

落とし穴5　新興国市場向けの製品がグローバルに訴求できる可能性を信じようとしない

欧米企業は先進国市場の消費者はブランドにうるさく、性能に敏感で、たとえ価格が安かったとしても新興国市場からの製品などけっしてほしがらないと思い込みがちだ。また経営幹部たちは、たとえそうした製品に人気があったとしても、高価格で高利益率の製品やサービスとのカニバライゼーションを起こすので危険ではないかと懸念する。

設計原則5　新興国市場の制約条件を活かしてグローバルで勝てるものをつくり出す。

企業は解決策を計画する前に、新製品やサービスに影響を及ぼす固有の制約条件を確認すべきである。たとえば、消費者の平均所得の低さ、インフラの未整備、限られた天然資源などだ。リストアップしていくと、価格、耐久性、素材など、新しい設計で満たさなくてはならない要件が確定する。

途上国の制約条件によって通常、技術的ブレークスルーを迫られ、それがイノベーションでグローバル市場をこじ開けるのに役立つ。新製品がプラットフォームとなって、企業はそこに、世界中のさまざまなタイプの消費者が喜ぶ特徴や性能を追加することができるのだ。一例として、特に東欧の消費者向けに設計された、ルノーの「ロガン」がある。東欧の消費者は価格に敏感で高い価値を求める。2004年にルーマニアで発売されたロガンはわずか6500ドルだったが、サイズやトランクスペースがより大きく、車高も高くなり、競合品よりも信頼性が高まった。ルノーは低価格にするために、通常よりも車体に使う部品点数を減らし、人件費が比較的安いルーマニアで製造した。

ルノーは2年後、セーフティ機能を追加し、メタリックカラーを採用するなどして外観の訴求力を向上させ、先進国の消費者にもロガンの魅力を高めることにした。フランスでは、ロガンは9400ドルで販売された。ドイツでの販売台数は3年間で6000台から8万5000台に急増した。2013年までに、西欧諸国での販売は43万台に達し、2012年は19%の増加となった。このように、東欧での

図表7-2｜米国向けアップグレード版GRITフリーダムチェア

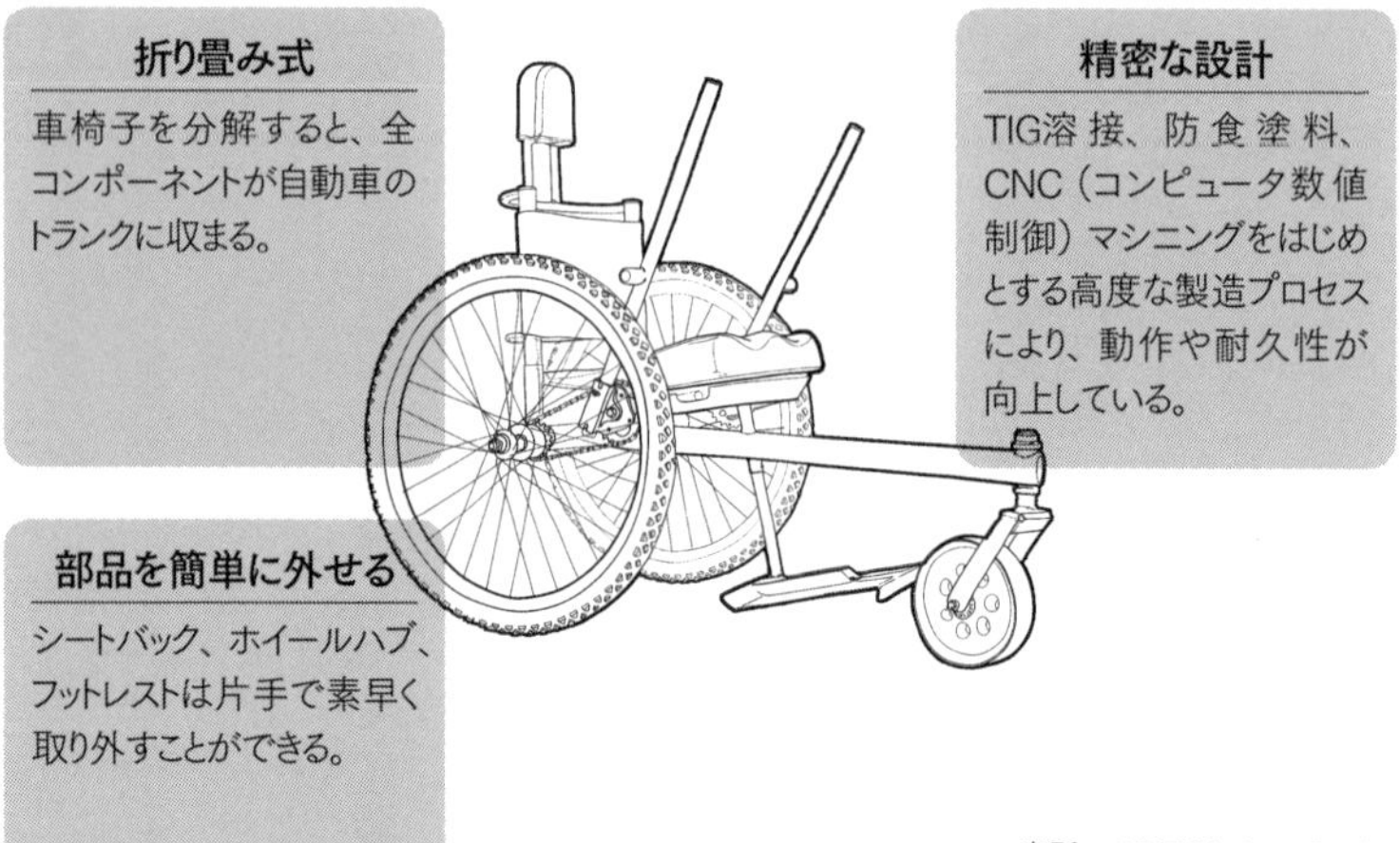
折り畳み式
車椅子を分解すると、全コンポーネントが自動車のトランクに収まる。
精密な設計
TIG溶接、防食塗料、CNC（コンピュータ数値制御）マシニングをはじめとする高度な製造プロセスにより、動作や耐久性が向上している。
部品を簡単に外せる
シートバック、ホイールハブ、フットレストは片手で素早く取り外すことができる。

出所：GRIT/Nathan Cooke

制約条件によって、ルノーは新しい設計を生み出さざるをえなくなったが、結果的に西欧の消費者にとっても低価格で高い価値をもたらす製品が生まれたのである。

ＬＦＣでも同じようなことが起こっている。欧米の車椅子ユーザーはメディア上で同製品に関するクチコミに気づき、購入してみたいと思っていた。ＭＩＴチームはボストンのデザインスタジオ、コンティニアムと協力して、ＬＦＣの米国版がどのようなものになるかを検討した。設計担当者たちは追加すべき特徴を見極めるために、欧米の潜在消費者と一緒にＬＦＣのテストも行った「ＧＲＩＴフリーダムチェア」と名付けられた先進国モデルは、米国の車道に合わせて設計された。また、ユーザーが片手で取り外せるクイックリリース・ホイールを装備していたが、これは米国で入手できる自転車部品でつくられていた（**図表７-２**「米国向けアップグレード版ＧＲＩＴフリーダムチェア」を参照）。

フリーダムチェアの商業生産は2015年5月に始まったばかりだが、先進国でも成功への道のりを歩みつつある。MITチームが車椅子をつくるために起業したグローバル・リサーチ・イノベーション・アンド・テクノロジー（GRIT）は、3年前に世界最大の起業支援機関であるマスチャレンジのダイヤモンド賞を受けたスタートアップ企業4社の一つだった。2014年、GRITはフリーダムチェアの発売に向けてキックスターター・キャンペーンを行い、わずか5日間で資金調達の目標を達成した。

設計原則からどのような成果が得られるか

シェービング製品のグローバル大手のジレットはインド向け製品を設計した時、これまで説明してきたリバース・イノベーションの落とし穴を回避することができた。しかし同社のように、落とし穴にはまらなかった企業は少数にすぎない。ほんの10年前まで、ジレットは所得ピラミッドの上位層に高額製品を提供することにより、インドでの利益の大部分を上げていた。2005年、プロクター・アンド・ギャンブルがジレットを買収するとすぐに、インドで市場シェア拡大の機会があることを見て取った。

1900年代初めからインドで保有してきた新しい特許に促される形で、ジレットは4億人の中間所得層向け製品を開発することにした。この層は主に2枚刃のカミソリを使っていた。最初に調査したのが消費者の要件である。鉄鋼のサプライヤーからエンドユーザーに至るバリューチェーンを詳細に記した後、クロスファンクショナル・チームが3000時間以上かけて、1000人以上の潜在消費者に対する行動観察調査を実施した。

インド人のシェービングのニーズは先進国の人々のニーズとは次の4つの点で異なっていることをジレットは学んだ。

手頃な価格

ジレットと主に競合する2枚刃のカミソリはたったの1ルピー（2セント未満）なので、価格が重要な制約条件となるだろう。

安全性

この市場セグメントの消費者は、早朝の薄暗い時間帯に床に座り、少量の溜め水を使って、一方の手で鏡を、もう一方の手でカミソリを扱う。2枚刃のカミソリの場合、刃と肌の間に保護層がないので、シェービングすると切り傷がつくことが多かった。

それでも、ジレットの製品設計者が観察すると、ほとんどのインド人男性は肌に傷をつけることなくシェービングしていた。彼らの反応は単純で、「我々はエキスパートだから、自分の肌を傷付けたりしない」というものだった。しかし、シェービングする時には集中する必要があると、チームは結論付けた。インド人は肌を傷付けまいと、シェービング中にリラックスしたり、話したりすることができなかった。ジレットが突き止めた潜在的ニーズは、ほとんどの人がシェービング時に、安全なカミソリや刃を使って緊張感から解放されたいと願っているということだった。

使いやすさ

インド人男性は米国人男性よりもひげが濃くて多いが、剃る頻度が少ないので、長いひげと格闘しなくてはならない。シェービングクリームをたっぷりと使うことも好む。これらはすべて、カミソリがすぐに目詰まりする原因となる。自由に使える流水が少ないので、インド人男性は簡単にすすげるカミソリを必要としている。

きれいな剃り上がり

インド人男性は全世界の男性と同じように、きれいに剃りたいと思っているが、所要時間は重視しないところに違いがあると、ジレットは的確に想定した。インド人男性はひげ剃りに30分かけているのに対し、米国人男性は5～7分で済ませているのだ。

競争力のある製品を考え出すため、ジレットは1枚刃でのシェービングの科学を学び直さなくてはならなかった。そして発見したのが、粘弾性のある毛質のため、1枚刃のカミソリを何度も往復させれば短く切れることだった。カミソリの刃は何本もの毛を切るので、肌から毛をやや引っ張る形になる。その毛はすぐに元の位置に戻らず、引き戸をゆっくりと閉めるメカニズムのように毛包が作用する。引き続き毛は突き出ているので、次にカミソリの刃が当たると、もう少し短く切れる、といった具合だ。

このプロセスはジレットが価値ある自由度の高い設計を考え出すのに役立った。新しいカミソリに1枚刃のみを用いると、製品コストが大幅に削減された。また、必要な部品点数は他のカミソリの80%なので、製造の複雑さが大きく減少するだろう。

ジレットのエンジニアは次に、怪我することなく確実に短く剃るために、毛を切る前に肌を平らにする方法を見つけ出さなくてはならなかった。コップ1杯の水でさっとゆすいで、カミソリを洗う仕組みも理解する必要もあった。最後に、矛盾する要件のバランスを取らなくてはならなかった。つまり、カミソリの刃が肌に触れる前に、カートリッジの前方の小さな歯で肌を平らにしなくてはならないが、後方部はスムーズに通り抜けて、毛やシェービングクリームが簡単に洗い流せるようにする必要があったのだ。

カミソリの刃を徹底的に見直したジレットのチームは、独特のピボットヘッドも設計した。それはユーザーが顔や首の曲線、特にシェービングしにくい箇所である顎の下の処理に役立った。インド人のカミソリの握り方が千差万別なのを見て、膨らみのあるハンドルをつくり、滑らないように加工した。

ジレットはインド専用の製品を設計するだけに留まらなかった。それを支える新しいビジネスモデルも構築したのだ。製造費や輸送費を削減するため、数カ所で製品を生産する。さらに、インドの流通インフラは何百万ものパパママ・ショップで構成されているので、消費者がどの店でも簡単に見分けられるようなパッケージをデザインした。

米国企業であるジレットは徐々に、このインド人セグメントで好結果を出すようになった。その主な要因は最も安いカミソリをつくろうとしたからではない。激安の価格で優れた価値が備わった製品を創ろうと努力したからだ。「ジレットガード」の価格は15ルピー（約25セント）と、同社の別ブランド「マッハ３」の３％、「フュージョン・パワー」の２％である。また、替え刃の価格は５ルピー（８セント）だ。２０１０年に発売すると、この革新的な製品はすぐに市場シェアを獲得した。今日インドで販売されたカミソリの３つに２つはジレットガードである。ジレットはまだジレットガードをインド以外で売り出していないが、成功するリバース・イノベーションとなる可能性を秘めている。

＊　＊　＊

欧米企業のほとんどは、過去15年でビジネスの世界が劇的に変化してきたことを知っているが、その重心が新興国市場にほぼシフトしていることにはまだ気づいていない。中国、インド、ブラジル、ロシア、メキシコはいずれも、２０３０年までに世界の経済大国トップ12に含まれる可能性が高く、市場リーダーの座を維持したいと思う企業であれば、そうした国々の消費者を重視する必要がある。

経営陣にとって、新興国市場で製品開発に必要なインフラ、プロセス、人材への投資を始める以外に選択肢はない。投資により、多国籍企業も新興国ならではの「フルーガル・エンジニアリング[注2]」の恩恵にあずかることができる。こうした国々では熟練の人材（特にエンジニア）が豊富におり、比較的低賃金なので、先進国よりも製品をつくるコストを低く抑えられることが多いのだ。しかし、企業がリバース・イノベーションの開発を律する設計原則に従わなければ、どれほど投資をしても、成功する新製品やサービスのポートフォリオを持つことはできないだろう。

【注】

（1）邦訳「GE　リバース・イノベーション戦略」DHBR2010年1月号。

（2）frugal engineering。低価格の部品と労働力を集めてそれを大量に組み合わせ、不要な装飾は排除して、市場に出すという製品開発のやり方。ルノーのCEOであったカルロス・ゴーンが「発明した」言葉として知られる。

第8章

失敗に学ぶ経営

ハーバード・ビジネス・スクール 教授
エイミー C. エドモンドソン

"Strategy for Learning from Failure"
Harvard Business Review, April 2011.
邦訳「失敗に学ぶ経営」
『DIAMONDハーバード・ビジネス・レビュー』2011年7月号

エイミー C. エドモンドソン
(Amy C. Edmondson)
ハーバード・ビジネス・スクールのリーダーシップおよびマネジメント講座担当教授兼技術・運用管理ユニット共同責任者。

失敗の教訓を積極的に受け入れよ

「失敗から学べ」という教えに、疑問をはさむ余地はない。ただし、そのことに長けた組織はごく稀である。これは真剣に学ぼうとする姿勢が足りないからではない。

筆者はこの20年間、製薬、金融サービス、製品デザイン、通信、建設といった企業、ならびに病院、NASA（米航空宇宙局）のスペースシャトル計画など、さまざまな組織を調査してきたが、それらのマネジャーのほとんどが、将来のパフォーマンスを改善するため、組織が失敗から学ぶようにしたいと本気で考えていた。チームメンバーともども、事後検討や事後分析に多くの時間を費やしている場合もあった。

だが、こうした苦労が何の改革にもつながらない事例に、筆者は何度も遭遇した。なぜだろうか。それはそもそもマネジャーたちが失敗について誤って考えていたからだ。

筆者が話をしたマネジャーのほとんどは、失敗はよくないと考えている（当たり前だ）。彼らはまた、そこから学ぶのは実に簡単だと考えている。つまり、何が間違いだったのかを反省させ、同じ誤りを繰り返さないよう忠告すればよい――できれば、何が起こったのかを振り返るリポートを書かせ、それを組織全体に配るとよい、というのだ。

こうした考え方は根強いが、実は見当違いである。

第1に、失敗は常に悪いとは限らない。組織において、失敗は悪い場合もあれば、避けられない場合もある。あるいは、失敗したほうがよい場合さえある。

第2に、組織で起こった失敗から学ぶのは簡単ではない。失敗を効果的に発見・分析するのに必要な態度や活動がほとんどの企業で不足しており、状況に応じた学習戦略の必要性が十分認識されていない。表面的な学習（「手順が守られなかった」）や、身勝手な学習（「市場には、当社の優れた新製品を受け入れる準備が整っていなかった」）に留まらないためにどうすればよいかについて、組織はより賢明で新たな方策を知らなければならない。つまり、古い文化的な信条や画一的な成功観を捨て去り、失敗の教訓を受け入れることである。

リーダーとして最初にすべきことは、責任のなすり合いがいかに障害となるかを理解することだ。

責任のなすり合い

ほとんどの家庭、組織、および文化で、失敗と過ちは事実上分かちがたい。どの子どもも成長のある時点で、失敗を認めるとその責任を取らなければならないことを知る。したがって、失敗から学ぶことが十分に報いられるような「心理的安全」の文化へ移行した組織は実に少ない。

病院や投資銀行などさまざまな組織のマネジャーから話を聞いたところ、彼らは複雑な気持ちであることを一様に認めている。つまり、「失敗に前向きに対応すれば、何をしでかしてもかまわないことになりはしないか」「失敗の責任を問われなければ、はたしてベストを尽くそうと一生懸命になるだろうか」というのである。

この懸念は「誤った二分法」（他に選択肢があるのに、2つの選択肢しか考慮しないこと）に基づいている。実際には、安心して失敗を認めて報告することができる文化と高い業績評価基準とは共存できるし、組織の状況によっては共存させなければならない。

その理由を理解するために、**図表8**「失敗のさまざまな原因」をご覧いただきたい。「故意の逸脱」から「探査型テスト」に至るまで、幅広い失敗原因がリストアップされている。このうち非難に値するのはどれだろうか。

最初に挙げられている「故意の逸脱」は、明らかに責めを負うべき行為である。だが、「不注意」はそうでないかもしれない。

「能力不足」に起因しているのなら、たぶん非難に値するだろう。ただし、長すぎるシフトの終わり近くに疲れが出たせいならば、本人よりもそのシフトを命じたマネジャーのほうに落ち度がある。

リストの下へ行けば行くほど、非難すべき行為を探すのが難しくなる。それどころか、探査型テストに起因し、貴重な情報を生み出す失敗は、称賛に値する可能性もある。

マネジャーたちにこのリストを見てもらい、自身の組織で生じる失敗のうち、どのくらいが本当に非難に値するのかを尋ねてみると、答えはたいてい1桁、すなわち2～5％程度であった。しかし、非難に値するものとして扱われているのはどのくらいかと聞くと、（しばらく考えたり笑ったりした後に）70～90％と返ってくる。

図表8｜失敗のさまざまな原因

非難に値する

故意の逸脱

所定のプロセスや慣行にあえて従わない。

不注意

仕様からうっかりズレる。

能力不足

仕事を遂行するためのスキルや条件を欠き、研修も受けていない。

プロセスの不備

遂行能力を備えた人が、問題のある（または不完全な）所定プロセスに従う。

タスクの難しさ

毎回確実に遂行するには難しすぎるタスクに直面する。

プロセスの複雑さ

多くの要素から構成されるプロセスが新しい相互作用に直面して破綻する。

不確実性

将来の事象がはっきりしないため、一見合理的な行動を行い、望ましくない結果をもたらす。

仮説の検証

アイデアや設計がうまくいくことを証明するための実験が失敗する。

探査型テスト

知識を広げ、可能性を探るための実験が、望ましくない結果になる。

称賛に値する

残念なことに、多くの失敗が報告されずに終わり、その教訓も失われているのである。

失敗の原因は一様ではない

失敗の原因や経緯をきちんと理解すれば、責任のなすり合いを回避し、失敗から学ぶための効果的な戦略を立てることができる。

組織では数限りない過ちが犯されるが、大まかに3つに分類できる。すなわち、①予防できる失敗、②複雑さに起因する失敗、③知的な失敗である。

1 予測可能な業務における「予防できる失敗」

ここに分類される失敗の大部分は「悪」と考えて差し支えない。

製造業やサービス業で、綿密に規定された大量生産あるいは日常業務のプロセスにおいて、仕様や規定から逸脱するというケースがよく見られる。適切な研修とサポートを行えば、従業員はこのプロセスに終始従事できるはずだが、もしできなければ、それは故意の逸脱、不注意、または能力不足が原因であることが多い。ただし、そのような原因は容易に特定し、解決策を講じることができる。

たとえば、ハーバード大学公衆衛生大学院准教授で外科医のアトゥール・ガワンデが2009年に出版したベストセラー *The Checklist Manifesto*（注1）にあるように、チェックリストを活用することも一つの解決法である。

そのほかにも、かの有名なトヨタ生産方式を活用する方法がある。小さな失敗（工程からのわずかな逸脱）からの継続的な学びを、改善アプローチにつなげるというものだ。

ビジネスオペレーションを学ぶ学生ならたいてい知っているように、トヨタ自動車の組立ラインの担当者は、問題や問題になりそうな事象を見つけると、「アンドン」と呼ばれるひもを引く。すると、ただちに診断および問題解決のプロセスが始まる。

1分以内に問題が解決すれば、生産が中断されることはない。1分以内に解決しなければ、失敗が解明され解決されるまで、たとえ売上げの損失になろうとも、生産は中断される。

2 複雑なシステムにおける「避けられない失敗」

組織で生じる失敗の多くは、業務に固有の不確実性によるものである。ニーズ、人、問題について同じような組み合わせが、おそらくそれまで起こったことのない類のものであろう。

病院の救急治療室で患者の優先順位を決めるのも、戦場で敵に応戦するのも、急成長する新興企業を経営するのも、すべて状況が予測できない。また、航空会社や原子力発電所など複雑な組織では、システム障害のリスクがたえずつきまとう。

安全管理やリスク管理のベストプラクティスに従うことで（起こった事象を徹底的に分析するなど）、深刻な失敗は回避できるかもしれないが、小さなプロセス障害は避けられない。それを悪と見なすのは、複雑なシステムのあり方に対する誤解であるばかりか、逆効果でもある。

重大な失敗を回避するとは、小さな失敗を迅速に発見して修正することを意味する。病院での事故の大半は、小さなミスが気づかれないまま不幸にも積み重なった結果として起こる。

3 フロンティア領域での「知的な失敗」

この種の失敗は「善」と考えてかまわない。組織が競争相手に先んじ、将来の成長を確かなものにするための価値ある新しい知識を提供するからだ。

デューク大学フュークアスクール・オブ・ビジネス教授のシム・シトキンがこれを「知的な失敗」(intelligent failures)と呼ぶのは、そのためである。それが起こるのは実験が必要な時、すなわち、同じ状況が後にも先にもないので、前もって答えを知ることができない時である。新薬の発見、まったく新しいビジネスの創出、革新的な製品デザイン、新規市場での顧客反応のテストなどは、知的な失敗を必要とする。

こうした状況下で必要な実験を指すのに「試行錯誤」という言葉がよく使われるが、この呼び方は適切ではない。「錯誤」というと、そもそも「正しい結果」が存在するかのように思われるからだ。

未開拓領域の場合、実験を正しく行えば、「よい失敗」がすぐに得られる。このような実験を実践するマネジャーは、必要以上に大規模な実験をするという「知的ではない失敗」を避けることができる。

製品デザイン会社ＩＤＥＯのリーダーたちは、新しいイノベーション戦略サービスを始めた際に、このことに気づいた。このサービスは、クライアント企業が既存の製品ライン内で新製品をデザインするのをサポートする（ＩＤＥＯではほぼ完璧の域にあるプロセス）のではなく、企業に新たな戦略を志向させ、新しい製品ラインの開発をサポートするものだった。

同社は当初、どうすれば効果的に新サービスを提供できるかわからなかった。このため、あるマットレス会社と共同で小規模なプロジェクトを始めることにし、新規事業を公にスタートすることは控えた。プロジェクトは失敗した。すなわち、クライアント企業は結局、製品戦略を変えなかった。しかし、IDEOはそこから学習し、やり方をどのように変えるべきかを理解することができた。

たとえば、MBAホルダーをチームメンバーとして雇い、クライアント企業の新規事業開発への支援体制を強化したり、クライアント側のマネジャーを開発チームに加えたりした。現在、このイノベーション戦略サービスは、IDEOの売上げの3分の1以上を占めている。

複雑なシステムに付き物のプロセス障害や知識の未開拓領域における知的な失敗を大目に見たとしても、凡庸さが助長されることはなかろう。実際、そうした失敗から知見を引き出したいと考える組織にとって、寛容さは不可欠である。

だがそれでも、本質的に失敗には感情的に非難される面があることは確かだ。そのため、組織に失敗を受け入れさせるには、リーダーシップが必要である。

失敗から学ぶ文化を築く

責任のなすり合いを抑制し、失敗から前向きに学ぶことに満足感と責任感を抱かせる。そのような文化を築けるのはリーダーしかいない（**章末**「安心して失敗できる環境づくり」を参照）。

ミスがあった時、リーダーは「誰のミスか」ではなく「何が起こったのか」、明確に理解しなければならない」と説くべきである。そのためには、規模のいかんにかかわらず、すべての失敗を報告し、それを体系的に分析し、実験の機会を積極的に追求しなければならない。

リーダーはまた、それぞれの仕事の性質について正しいメッセージを発信しなければならない。たとえば、R&D担当者に対しては「発見するのが我々の仕事である。失敗するのが早ければ早いほど、成功も早くなる」という具合である。

このように微妙ながらも重要な点を、マネジャーは理解していないことが多い。そのため、状況に合わないやり方で失敗に対処することもある。

たとえば、データ分析を用いて品質のばらつきを評価する統計による工程管理は、ソフトウェア・バグなど目に見えないランダムな不具合を把握・修正したり、創造的な新製品を開発したりするには向いていない。一方、優れた科学者であれば「成功を早めるために失敗を繰り返せ」というIDEOのスローガンを支持するだろうが、製造プラントでは、これが成功を後押しすることはまずないだろう。

ある一つの背景事情やある種の業務が企業文化に大きな影響を及ぼし、その企業の失敗への対処法を左右するケースがよく見られる。たとえば自動車会社は、予測可能な大量生産オペレーションに従事しているため、当然ながら、「失敗は防げるもの、防ぐべきもの」という考え方をしやすい。

しかし、ほとんどの組織は、先に述べた3種類の業務――日常業務、複雑な業務、最前線の業務――のすべてに関わっている。リーダーはそれぞれの状況に応じて、組織が失敗から正しく学べるようにしなければならない。

どのような組織も、①発見、②分析、③実験という3つの重要な活動を通じて、失敗から学習することができる。

失敗の発見

大きな失敗、あるいはやっかいでコスト高の失敗を見つけ出すのはやさしい。だが多くの組織において、隠すことができる失敗は、それがただちに明らかな害悪をもたらさない限り、隠れたままとなる。大惨事に至らないうちに、そのような失敗を突き止めなければならない。

ザ・ボーイング・カンパニーからフォード・モーターの社長に転じたアラン・ムラーリーは、就任して間もない2006年9月、失敗を発見するための新しいシステムを導入した。彼はマネジャーたちに報告書を色分けするよう命じたのである。良好な場合は緑、注意が必要な場合は黄、問題がある場合は赤――よくあるマネジメント手法である。

2009年の『フォーチュン』誌の記事によると、最初の数回のミーティングでは、すべてのマネジャーが担当業務を緑に色分けした。ムラーリーはこれが不満だった。

前年に数十億ドルの損失が出たことをマネジャーたちに思い出させた後、彼は率直に「何かよくない報告はないのか」と尋ねた。すると、製品の深刻な欠陥に関する黄色の報告がためらいがちになされた。

おそらく発売は遅れることになるだろう。その場は静寂に包まれたが、ムラーリーはこれに拍手で応じた。その後は、毎週のスタッフミーティングで各種の色が報告された。

この記事は、多くの組織に蔓延する基本的な問題を提起している。つまり、いま起こっている失敗やいまにも起こりそうな失敗を特定する方法は数多くあるのに、まったくと言ってよいほど活用されていないのである。

TQM（総合的品質管理）や顧客からのフィードバックは、日常のオペレーションの中で失敗を明らかにするためのよく知られた方法である。また、「高信頼性組織」（HRO）の構築法は、原子力発電所などの複雑なシステムで、早期発見を通じて壊滅的な失敗を防ぐのに役立つ。

58の原子力発電所を運営するフランス電力公社は、HROのよいお手本である。同公社は法的要件を満たすだけでなく、少しでも異常な点がないか各発電所を細かくチェックし、何かがあればすぐに調査し、他の発電所にも異常事態を知らせている。

このような方法が浸透していかないのは、悪いニュースを上司や同僚に伝えたくない報告者（メッセンジャー）が相変わらず多すぎるからだ（シニアマネジャーでさえそうである）。

筆者が知る大手消費財メーカーのシニアマネジャーは、経営陣に加わった時にすでに進行中だった企業買収案件に賛成できなかった。だが、自分は新入りだということを意識しすぎるあまり、検討会議では口をつぐんでいた。他のマネジャーは皆、この計画に大乗り気のようだった。

何カ月も経ち、この買収が失敗だったことがはっきりすると、経営陣は集まって事の経緯を振り返った。コンサルタントに促されて、それぞれのマネジャーは自分が失敗にどう寄与してしまったのかを考えた。先の新入りのマネジャーは、これまで黙っていたことを率直に謝り、ほかの人たちが熱心なので、水を差して嫌われ者になりたくなかったのだと説明した。

筆者は病院でのミスや失敗を調べるうちに、看護師が失敗について話したがるかどうかは、グループによって大きく異なることを発見した。どうやら中間層のマネジャーの態度――失敗にどう対応しているか、失敗に関するオープンな議論を奨励し、質問を歓迎し、謙虚さや好奇心を示しているか――が原因らしい。同じ傾向が、ほかにもさまざまな組織で見受けられた。

その悲惨な例が、7人の宇宙飛行士が亡くなった、2003年のスペースシャトル、コロンビア号の爆発事故である。筆者は以前、2年以上かけてこれについて調べたことがある。(注2) 発射時に発泡断熱材の破片がシャトルの左側から剥落したのだが、NASAのマネジャーたちは、およそ2週間の時間があったにもかかわらず、事の深刻さを軽視した。曖昧さを解決してほしいという技術者たちの要請(シャトルの衛星写真を撮るか、宇宙遊泳によって飛行士に問題の箇所を点検させれば、解決できたはずである)をマネジャーがはねつけたため、16日後に無残な結果が出るまで、その大きな失敗はほとんど発見されずに終わった。

皮肉にも、プログラムのマネジャーの間では、自分たちにできることはほとんどないという根拠のない考え方が共有されており、それが発見を難しくさせることにつながった。事後分析によると、実際には効果的な対策が打てたかもしれなかったという。だが明らかに、リーダーたちは、必要な文化、システム、手順を整えていなかった。

難しいのは、実験の失敗を宣告すべきタイミングを組織の人々にどう教えるかである。人間は最善の結果を願い、どんなことをしてでも失敗を避けようとする傾向があるため、このことがなかなかうまくいかない。しかも組織のヒエラルキーのせいでその傾向に拍車がかかる。

結果的に、たとえば芽の出ないR&Dプロジェクトが、科学的に合理的または経済的に妥当と思われる以上に長く続けられることが多い。打開策が見つかることを祈りながら、深みにはまっていくのである。技術者や科学者たちは、プロジェクトに致命的な欠陥があることを直感でわかっているのに、それを失敗と呼ぶ正式な決定は何カ月もずれ込むことになる。

解決策はやはり、失敗は恥ずかしいという思い込みを減らすことである(これには必ずしも時間やコストはかからない)。

製薬会社のイーライリリーは、1990年代初めからこれに取り組んでいる。「失敗パーティ」を開催し、所期の成果を実現できなかった知的で質の高い科学実験を称えるのである。

パーティ自体にほとんど費用はかからないし、貴重な経営資源——特に科学者——を新しいプロジェクトに早めに再配置することで、何十万ドルというお金を節減できる。新しい発見の可能性を促すのは言うまでもない。

失敗の分析

失敗を発見したら、次に欠かせないのは、その失敗に関する明白かつ表面的な理由に留まらず、その根本的原因を理解することである。そのためには、高度な分析法を用いて正しい教訓を学び、正しい対策を講じようとする克己心、もっと言えば情熱が必要である。リーダーの仕事は、組織が失敗の後には立ち止まって、そこから得られる知見をじっくり探すように仕向けることだ。

失敗の分析はなぜ嫌がられるのか。それは、失敗を徹底的に調べるのは不愉快で、自尊心を傷付けかねないからだ。本人の裁量に委ねれば、大半の人が、おざなりに済ますか、まったくやらないかのいずれかであろう。

もう一つの理由は、組織で起こった失敗を分析するには探究心と率直さ、我慢強さ、そして因果関係の曖昧さに関する寛容な態度が求められることである。しかし、マネジャーは概して、熟考よりも決断、効率および行動を優先し、またそれらで評価される。だからこそ、正しい組織文化が非常に重要なのである。

そのためには感情面の課題だけでなく、認知面の課題も克服しなければならない。我々は、たとえそのつもりがなくても、自分の現在の考え方を裏付けてくれる証拠に肩入れしてしまう。また、自分が失敗した時にはその責任を棚上げし、外部要因や状況要因のせいにする傾向がある。ところが、他人の失敗となると、正反対のことをやってのける。「根本的な帰属の誤り」として知られる心理的な罠である。

筆者の研究によると、人命が危険にさらされる病院のような複雑な組織でも、失敗分析はしばしば限定的で効果が薄い。失敗から学ぶために医療過誤や工程上の不備を体系的に分析している病院は、ほとんどない。

2010年11月に『ニューイングランド・ジャーナル・オブ・メディシン』誌上で、ノースカロライナ州内の病院における最近の調査結果が発表された。それによると、ここ10年余りで、医療過誤により毎年何千件もの死亡事故が起こっているとの認識が高まっているにもかかわらず、病院の安全性は改善されていないという。

幸いにも、組織学習は可能だという希望を与えてくれる、素晴らしい例外事例がある。ユタ州とアイダホ州南東部に23の病院を有するインターマウンテン・ヘルスケアでは、医師が治療手順から逸脱したケースを日常的に分析し、治療手順の改善に活かしている。逸脱を容認し、さらに、実際にそれが改善につながっているかどうかのデータを共有する仕組みとなっているため、医師たちはこのプログラムを積極的に受け入れている。(注3)

1次的な理由(たとえば「手順が守られなかった」)だけでなく2次的、3次的な理由を人々に理解させるのは、かなり難題かもしれない。

一つの解決法は、多様なスキルや視点を持つ学際的なチームを活用することだ。複雑な失敗は特に、さまざまな部門、専門分野、階層の間で起こった多数の出来事に起因している。何が起こったのか、そして、同じことが二度と起こらないようにするにはどうすべきかを理解するには、チーム体制による綿密な検討と分析が必要である。

コロンビア号の惨事では、優秀な物理学者、技術者、航空学専門家、空軍指導者、さらには宇宙飛行士も加わったチームが、何カ月もかけて失敗を分析した。彼らは最終的に、1次的な原因——発泡断熱材の破片が発射時にシャトルの前縁部を直撃した——だけでなく、2次的な原因をも特定した。すなわち、NASAの硬直したヒエラルキーとスケジュールありきの文化のせいで、技術者は十分確信できること以外は口に出しにくかったのである。

実験の推進

効果的に失敗から学習するための第3の重要な活動は、体系的な実験を通じて、戦略的に――正しい場所で、正しいタイミングに――失敗を生み出すことである。

基礎科学の研究者は、自分たちの行う実験が時に大成功を収めるものの、大部分（分野によっては70％以上）は失敗に終わることを知っている。このような人たちは、なぜ朝の目覚めが悪くないのだろうか。

第1に、自分の仕事には失敗が付き物であることを承知している。科学的発見の最先端にいるためにはそれは避けられないことなのだ。

第2に、どのような失敗も貴重な情報を伝えてくれることを、誰よりもよく理解している。だから、競争相手よりも早くそれを手に入れたいと願っている。

反対に、新しい製品やサービスの試行プロジェクト（これはビジネスにおける実験の典型例である）を担当するマネジャーは、それが最初から完璧に進むように最善を尽くす。皮肉なことに、このように成功を欲するあまり、のちに本格的な事業展開の成功が阻まれる可能性がある。

試行プロジェクトの担当マネジャーは、一般的な条件ではなく最適な条件をどうしても整備する。それゆえ、何がうまくい**い**か**な**い**か**に関する知識が得られない。

ＤＳＬ（デジタル加入者線）が登場したばかりの頃、ある大手通信会社（仮にＡ社としよう）は都市部の家庭向けに、この高速通信技術の事業展開を大々的に開始した。だが、それが顧客サービス上の大惨事を招くことになる。

Ａ社は申し込みの4分の3に対処できず、注文に対する遅れは1万2000件にも達した。顧客たちは激怒し、窓口担当者はすべての電話に対応することさえできなかった。従業員の士気は低下した。高い顧客満足度を誇り、卓越性の証とされる歴史あるブランドを持つリーディングカンパニーに、なぜこのようなことが起こったのか。

実は、郊外で実施したある小規模な試行プロジェクトが大成功を収めたため、Ａ社経営陣は誤った自信を植え付けられていた。しかし、このテストが実際のサービス条件とは似ても似つかなかったことに問題があった。

試行プロジェクトは、稀に見る人柄のよい専門サービススタッフたちが参加し、教養が高く技術に詳しい顧客の住む地域で実施された。

だが、ＤＳＬはまったく新しい技術であり、従来の電話とは違って、顧客側の多種多様な家庭用コンピュータや技術レベルに対応しなければならなかった。そのためサービスを提供するうえで、本格的に展開する前には十分認識していなかった、複雑で予測のつかない事態が生じた。

不十分なサポート体制、技術にうとい顧客、旧式のコンピュータでテストをしていれば、もっと効果的だったはずだ。最善の条件下ですべてがうまくいくことを証明する代わりに、どのようなまずい事態が起こりうるのか、もれなく発見するためのテストにすべきだった（章末「『成功するための失敗』を設計する」を参照）。

言うまでもなく、テストを成功させるのではなく、知的な失敗をできるだけ早く生み出せば評価されることを、担当マネジャーがわかっていなければならない。

要するに、失敗を発見し分析するだけでなく、学習とイノベーションという明確な目的のために知的な失敗を生み出そうとするのが優れた組織なのである。

もちろん、こうした組織のマネジャーは失敗を楽しんでいるわけではない。彼らは、失敗とは実験に付き物の副産物であると考えている。また、多額の予算で大げさな実験をする必要がないことも心得ている。たいていは、小規模なテスト、新技術の予行演習、またはシミュレーションで十分なのである。

* * *

問題の報告を妨げたくはないし、かといって何でもありの環境もつくりたくないという、一見矛盾した状況を解決するには、自分や他人が不完全であるという事実を直視する勇気が大切である。つまりマネジャーは、社員に勇気をもって声を上げるよう促さなければならない。無能に思えるような失敗でも、怒ったり強く非難したりしてはならない。

我々が気づいている以上に、複雑なシステムは組織の失敗があってこそ機能しており、対話が抑圧されると、失敗に学んでこれを改善する機会が失われる。

ベテランマネジャーは、極端に厳しい態度を取ることのリスクを理解している。問題点を見つけて解決できるかどうかは、問題点について学習できるかどうかにかかっていることを、彼らは知っている。

だが、研究、教育、コンサルティングの仕事で私がこれまで出会ったマネジャーのほとんどは、別のリスクのほうに過敏となっている。つまり、失敗に物わかりのよい対応をすると、職場環境が緩んで、ミスが増えるというリスクである。

このような一般の懸念に代わって、「現在の複雑な組織にあっては、失敗は避けられない」という新しい考え方を受け入れるべきである。他の人間よりも早く失敗を発見し、修正し、そこから学習する人たちこそが成功するのであって、責任のなすり合いに終始する人たちの場合、成功はおぼつかない。

安心して失敗できる環境づくり

組織の従業員に、いま起こっている失敗やいまにも起こりそうな失敗を突き止めてもらうには、リーダーは失敗について安心して語れる環境をつくらなければならない。

1999年から2009年までミネソタ小児病院のCOOを務めたジュリー・モラスは、まさにそのようにして、医療過誤削減への取り組みを成功させた。

以下、筆者の研究から明らかになった5つの施策と、モラスがそれを通じて心理的に安全な環境をどのようにして築いたのかという実例を紹介する。

業務の枠組みを正しく定める

従業員は、ある特定の業務（日常的な生産業務、複雑な業務、あるいは革新的な業務）の中でどのような失敗が起こりうるか、そして、失敗を明らかにしてそこから学ぶために、なぜ率直さと相互協力が大切なのかに関する理解を共有しなければならない。業務の枠組みを正しく設定すれば、失敗は悪いことではなくなる。

病院のような複雑なオペレーションでは、小さな事象が積み重なって重大な失敗につながる場合が多い。このシステムの複雑性に対する認識を高めるため、モラスは米国の医療過誤率に関するデータを示し、検討グループを組織し、各部門の主要人物から成るチームを編成して、知識と理解の拡大に努めた。

報告を受け入れる

悪いニュースや懸念を伝えたり、疑問を呈したり、ミスをしたりする人物は、非難どころか評価すべきである。そのニュースの価値をまず称えたうえで、失敗を修復し、そこから学ぶにはどうすればよいかを考えよう。

モラスは「罪を問われない報告」システムを導入した。医療過誤や過誤寸前の事例を匿名で知らせてもらうのである。彼女のチームは、起こった出来事を従業員自身の言葉で書かせ、考えられる原因を述べてもらうことで、それまでの看護安全リポートを刷新した。

この新システムの導入後まもなく、報告される失敗の数は急増した。モラスはこのデータをよいニュースと考えるように言い（なぜなら病院が失敗から学べるから）、すべての出来事をチームで分析させるようにした。

限界を認める

自分が何を知らないか、何をミスしたか、何が一人でできないかについて率直に認めれば、他者にも同じことを促すことができる。

モラスは病院に参画するとすぐ、患者の安全を守りたいという彼女の熱意を説明し、新参者である自分はミネソタ小児病院のやり方について限られた知識しかないことを認めた。グループ・プレゼンテーションや一対一の話し合いの場で、彼女は、医療過誤を減らすにはみんなの助けが必要であると明言した。

参加を促す

意見やアイデアを求めるとともに、失敗を発見・分析し、知的な実験を推進する機会をつくろう。参加を促せば、従業員の抵抗や受け身の姿勢を和らげることができる。

モラスは失敗を分析するための学際的なチームを設置し、あらゆる層の従業員に思慮深い質問を重ねた。早い段階で、彼女は従業員に「すべてが望んでいたように安全だったか」と、最近の患者の看護に関わる経験を振り返ってもらった。おかげで従業員たちは、病院には改善の余地があることに気づき、こぞって力を貸してくれるようになった。

境界線をはっきりさせて責任を負わせる

逆説的だが、どのような行動が非難に値するかをリーダーがはっきりさせたほうが、従業員は心理的な安全を感じる。そして、それ相応の結果が出る。ただし、誰かが罰を受けたりクビになった場合、直接・間接に影響を受ける人たちに事の経緯を話し、なぜ責めを負うべきなのかを説明しよう。

「罪を問われない報告」システムを導入した際、モラスは、報告は罰されないが、特定の行動（無謀な行為、意図的な基準違反、自分の手に負えないのに助けを求めないなど）は罰せられることを従業員に説明した。誰かが同じミスを3度犯して解雇されると、同僚たちは悲嘆や懸念と同時に、安堵感を表明することが多い。患者が危険にさらされていたこと、その人の欠点を補うために別の人たちが余分な目配りをしなければならなかったことを、知っているからだ。

「成功するための失敗」を設計する

当然といえば当然だが、試行プロジェクトは知的な失敗（価値ある情報をもたらす失敗）を生むためではなく、成功するために行われる。

本当に役立つテストになっているかどうかを知るには、マネジャーたちが以下の質問にイエスと答えられるかどうかを検討しよう。

- □（最適な条件ではなく）一般的な条件下でテストされているか。
- □ 従業員、顧客および経営資源は、その組織の本当の業務環境を代表しているか。
- □ プロジェクトの目的は（商品・サービス案の価値の実証ではなく）できるだけたくさん学習することにあるか。
- □ すべての従業員とマネジャーが、学習するという目的をよく理解しているか。
- □ テストの成功に基づいて報酬と評価が決まるのではないことが、はっきりしているか。
- □ 試行テストの結果、明らかな変更が行われたか。

【注】

(1) Atul Gawande, *The Checklist Manifesto: How to Get Things Right*, Metropolitan Books, 2009.（未訳）

(2) Michael A. Roberto, Richard Bohmer, and Amy C. Edmondson, “Facing Ambiguous Threats,” HBR, November 2006.（未訳）

(3) Richard M.J. Bohmer, “Fixing Health Care on the Front Lines,” HBR, April 2010.（未訳）

第9章

イノベーション・カタリスト

トロント大学 ロットマンスクール・オブ・マネジメント 学長
ロジャー L. マーティン

"The Innovation Catalysts"
Harvard Business Review, June 2011.
邦訳「イノベーション・カタリスト」
『DIAMONDハーバード・ビジネス・レビュー』2012年4月号

ロジャー L. マーティン
(Roger L. Martin)
トロント大学ロットマンスクール・オブ・マネジメント学長。主な著書に *The Design of Business: Why Design Thinking Is the Next Competitive Advantages*, Harvard Business Review Press, 2009.（未訳）、*Fixing the Game: Bubbles, Crashes, and What Capitalism Can Learn from the NFL*, Harvard Business Review Press, 2011.（未訳）などがある。

草の根から改革を進める

2007年某日、5時間に及ぶパワーポイントのプレゼンテーションの途中、財務ソフト大手インテュイットの共同創業者であるスコット・クックは、自分がスティーブ・ジョブズではないことを悟った。当初は、やり切れない失望感にさいなまれた。

クックも、多くの起業家と同様、トム・プルーと一緒に創業した会社をアップルのようにしたかった。そう、デザインにこだわり、イノベーションが次々に生まれ、素晴らしい製品やサービスによって消費者をいつもあっと驚かせる会社である。しかしそのような成功には、強烈な個性を持ったビジョナリーがトップにいなければならないように思えた。

本稿では、クックとインテュイット経営陣が「スティーブ・ジョブズ・モデル」に代わるものを、どのように見出したかについて紹介する。同社はこの新しいモデルによって、デザイン主導のイノベーション企業になることに成功した。本気でそう望むならば、どのような企業でも――事業規模が小さかろうと、平均的な会社であろうと――同じように抜本的な改革を実現できる。

インテュイットの改革が、「推奨者正味比率」(NPS：Net Promoter Score)を採用した2004年に始まったのは間違いない。

NPSは、ベイン・アンド・カンパニーの名誉ディレクター、フレデリック・F・ライクヘルドが開発した顧客満足度を測る指標で、顧客に「この製品やサービスを同僚や友人にどれくらい推薦したいか」という一つの質問を問うというものである。

0（けっして推薦したくない）から、10（とても推薦したい）で評価してもらう。0～6が「批判者」、7～8が「中立者」、9～10が「推奨者」である。推奨者の比率から批判者の比率を差し引いた値が、その企業のNPSとなる。

インテュイットの場合、設立されて数年間は、さまざまなマーケティング施策のおかげでNPSは大きく上昇した。しかし2007年には、頭打ちになった。その理由はわかっていた。批判者の比率は大きく下がったにもかかわらず、推奨者のそれがほとんど上がらなかったのである。また、顧客が新製品をあまり推薦してくれなかったのは、何とも期待外れだった。

言うまでもなく、顧客を活性化する方法を明らかにする必要があった。プロクター・アンド・ギャンブル（P&G）の社外取締役でもあるクック（彼は以前P&Gの社員だった）、P&Gのデザイン・イノベーション戦略担当バイスプレジデントだったクラウディア・コッチカにアドバイスを仰いだ。

彼女との話し合いを踏まえて、クックと当時のCEOスティーブ・ベネットは、上位300人の管理職を対象とした2日間のオフサイトミーティングで、イノベーションにおけるデザインの役割を取り上げることにした。

クックは、彼が言うところの「デザイン・フォー・デライト」（D4D：顧客を感動させるデザイン）に関する1日コースのプログラムを用意した。これは、インテュイットをデザイン主導の企業に改革するためのキックオフイベントであった。

最大の目玉は、冒頭の5時間に及ぶパワーポイントのプレゼンテーションであった。その中でクックは、デザインの奇跡、そしてデザインによってインテュイットの顧客を増やす方法について説明した。参加した管理職たちは、「結局のところ、彼は創業者なのだから、そうしなければならない」と思って、その話にうやうやしく耳を傾け、プレゼンテーションが終わると、感謝の面持ちで拍手を贈った。

クックは、このような反応にがっかりした。また、プレゼンテーションで紹介したアイデアについてはそれなりに関心を引いたようだったが、会場内にほとんど熱気は感じられなかった。

メインイベントは失敗に終わったとはいえ、その後のイベントはうまくいった。クックは、スタンフォード大学デザインスクールのコンサルティング准教授を務めるアレックス・カザクスをこの合宿に招き、彼に1時間ほど話してもらった。

クックと同じように、カザクスもパワーポイントを使ってプレゼンテーションを始めたが、話は10分で打ち切り、残りは参加型の演習にした。管理職たちはデザインの課題が与えられ、プロトタイプをつくり、フィードバックを受け、それを何度も繰り返し、改良を重ねた。

参加者たちはすっかり夢中になった。クックがその後、「その日のセッションで得たものは何か」と非公式のアンケートを実施したところ、レッスンに関する記述の3分の2がこの演習についてであった。

この反応を見て、クックはこう考えた。「私はスティーブ・ジョブズにはなれないかもしれないが、おそらくうちの会社にそのような人物は必要ない。いくつかのツール、そしてコーチングと研修があれば、現場の力だけでイノベーションを生み出したり、顧客を感動させたりできるはずだ」

アイデアを実践に移す

シリコンバレーのほとんどの技術系企業と同じく、インテュイットでも、ユーザーインターフェースデザイナーやグラフィックデザイナーたちは組織の隅のほうに追いやられていた。

しかしクックは、社内でもピカ一の若手デザインディレクター、カーレン・ハンソンの力を借りることにした。そして彼女に、社内にデザインを奨励する策について相談した。

カーレンは、D4Dについて語る段階は終わり、すでに実践する段階に来ており、そのための体系的なプログラムが必要なことに気づいていた。そこで、「デザイン思考」のコーチ役、すなわち管理職たちが各イニシアティブに取り組むことを支援する「イノベーション・カタリスト」のチームをつくり、そのメンバーに9人を選んだ。こうして、これらメンバーを教育し準備万端整えることが、ハンソンの2009年度の主要課題となった。

9人を選抜するに当たり、彼女は、デザイナーのあるべき姿についてさまざまな角度から考えられる人物を最優先に探すことにした。つまりデザイナーは、見た目もわかりやすく人間が直覚的に反応できるグラフィックユーザーインターフェースを開発するだけでなく、そのソフトウェアを使ってユーザーがストレスなく問題を解決できるかどうかも考えなければならないのである。

ハンソンは、コーチたちがユーザーとの対話に興味を示し、おのれの才能だけに頼るのではなく同僚たちと一緒に問題を解決することを期待した。また、デザイン思考のコーチングをうまくやるには、外向的な性格と対人関係スキルが必須であった。

彼女は、自分が所属する事業部門から直属の部下を2人、社内の他部門から7人を選んだ。こうして、女性6人、男性4人のチームができ上がった。彼ら彼女らの仕事は、デザイン、R&D、製品管理などさまざまで、肩書きはユーザーインターフェース・アーキテクト、主任研究員、スタッフデザイナー、プロダクトマネジャーなどである。その職位は、9人全員がディレクターより1つか2つ下（つまり下から数えたほうが早い）だが、それなりの影響力の持ち主である。そして、全員がこの役割を喜んで引き受けた。

デザイン思考をインテュイットのDNAに組み込むために、クックとハンソンは手始めに、一連の「D4Dフォーラム」を企画した。これは、通常1000人超の社員が出席し、顧客を満足させる達人たちに講演してもらう。この時は、半分がインテュイット社内から、残り半分はフリップビデオの創業者兼CEO、フェイスブックのトップデータサイエンティスト、アップルストアの責任者などを招聘した。

このフォーラムではそのほか、D4Dの成功事例を紹介したり、ベストプラクティスを共有したりした。一緒に働いているパートナーたちにも参加が呼びかけられ、本フォーラムが終わった後に変えられることについて、チームとして一つだけ考えてほしいと言われた。

デザインについて検討している管理職が、このプロセスに取り組むことに及び腰にならないよう、またやったことのないことにチャレンジしてイライラしないように、さらに外部のデザインコンサルタントを雇う必要性のせいで遅れが生じないように、ハンソンのところのイノベーション・カタリストたちは、ワーキンググループがプロトタイプをつくり、実験を試み、顧客から学習する際、もれなく支援することになっていた。

言うまでもなく、これらカタリストたちが忙殺されることが予想されたため、ハンソンは、全社のプロジェクトに割く時間は25％までと、その活動に制限を設けた。また彼女は、これらカタリストたちと一緒に仕事をするゼネラルマネジャーたちと緊密に連絡を取り合い、カタリストをゼネラルマネジャーが抱えている最重要課題に対処させた。

ハンソンは、「デザインの力によって弾みをつけるという試みを今後も続けていくには、誰の目にもわかるインパクトの大きな成果が生まれた時、年に3～4回は、それはコーチ（カタリスト）たちのおかげであると思われる必要がある」と考えていた。

これを可能たらしめるアイデアは、ボトムアップで生まれてきた。２００８年、インテュイットに入社してまだ４カ月足らずの社員2人が、Ｄ４Ｄ用にオンラインソーシャルネットワークをデザインし、経営陣の（支援は得られなかったが）承認を取り付け、翌年スタートさせた。この新しいプラットフォームは「ブレインストーム」と名付けられ、初年度に32のアイデアが実用化された。

プレゼンテーションより「実験」を重視する

インテュイットではずっと、パワーポイントのプレゼンテーションに基づいて意思決定を下していた。

そこで管理職たちは、（みずからが考えるところの）優れた製品を開発するだけでなく、上司にコンセプトを売り込むために優れたプレゼンテーションスキルを身につける必要があった。同社では、このようなシステムの下、アイデアの良し悪しは管理職たちが判断し、これを顧客に販売していた。

それゆえ、D4Dの重要な役割の一つが、管理職たちの間に見られるプレゼンテーション重視の傾向を転換させることであった。ハンソンとクックは、実験を通じてみずから顧客に学ぶほうがよほど効果的であると考えていた。

現在、D4Dイノベーションは「ペイン・ストーム」（問題の発見）と呼ばれるプロセスで始まる。これは、レイチェル・エバンスとキム・マクニーリという2人のイノベーション・カタリストが開発したものである。その狙いは、顧客の抱える「ペイン・ポイント」（悩みの種）を見出し、インテュイットに可能な解決策を提供することである。

ペイン・ストームでは、顧客の望むところを社内であれこれ想像するのではなく、顧客の職場や自宅に出向き、直接話を聞き、その行動を観察する。こうすることで、先入観が覆されることも少なくない。売上げが何より重視される製品にペイン・ストームを実施する前、チームは「事業の成長」を製品コンセプトにすべきだと思い込んでいた。しかしペイン・ストームの後、顧客からすると、「事業の成長」という表現は曖昧であることがわかった。つまり、既存顧客からの売上げを増やすことでもあり（これはペイン・ポイントではない）、同じような中小企業を買収する意味でもあったからである（これもペイン・ポイントではなく、しかも高コストである）。

本当のペイン・ポイントは、外部の力を借りることなく自前の営業活動を通じて新規顧客を獲得することであった。したがって、これを実現させる有効なコンセプトは「顧客の獲得」であった。

この後、続く2週間以内に「ソル・ジャム」（問題の解決）が開催される。そこでは、あぶり出されたペイン・ポイントに対処するために、製品やサービスのソリューションのためのコンセプトを思い付く限り並べ上げ、取捨選択したうえで、プロトタイピング（ひな型づくり）やテストに備えてリスト化する。プロトタイピングの初期段階では、これら潜在価値の高いソリューションがインテュイットのソフトウェア開発プロセスに組み込まれた。

しかしイノベーション・カタリストたちは、このようにデザイン思考によって弾みがついたとはいえ、これを維持するには、できるだけ早くユーザーの手にソースコードを届けるのが最善策であると気づいた。そうすれば、そのソリューションに潜在価値があるのか、もしあるならば、その価値を高めるには何が必要なのか、見極めやすくなる。

そこで第3のステップは、ただちに「コード・ジャム」（ソースコードの作成）に移行することであった。その目標は、ソル・ジャムから2週間以内に、完璧でなくともよいから顧客に渡せるようなソースコードを書くことである。これにより、ペイン・ストームに始まり新製品に関する最初のユーザーフィードバックに至るまで、通常4週間で足りることになる。

ここで、事例を2つ紹介しよう。

インテュイットの税務ソフトトチームがモバイル用アプリケーションの検討を始めた時、プロジェクトマネジャー兼イノベーション・カタリストのキャロル・ハウは、まず顧客を起点にした。そこで、5人から成る彼女のチームは、スマートフォンユーザーを多数観察するために、彼女いわく「荒野に出た」。

そして、さっそくミレニアルズ（2000年以降に成人を迎えた世代）たちに的を絞った。彼ら彼女らはその所得水準ゆえ、この至極簡単な確定申告ツールの有力な潜在顧客であった。

ハウたちはいくつものコンセプトを考え出しては、毎週顧客にぶつけてみた。金曜日に顧客を招き、月曜日に学んだことを抽出し、火曜日にコンセプトについてブレインストーミングを行い、水曜日にそれをデザインし、木曜日にそのソースコードを作成し、また顧客を招く――。これを繰り返すことで、さまざまな「顧客を感動させる要因」が見つかった。

2010年1月、カリフォルニア州で試作版を配布し、翌年1月には、これを全国に広げた。こうして生まれたモバイル用アプリケーション、スナップタックスは、アップルストアとアンドロイドマーケットそれぞれで4つ星半の評価を獲得し、NPSは80台後半を達成した。

インドの例は、もっと参考になる。2008年、インテュイット・インドでは、あるチームが、確定申告用をはじめとするインテュイット・ノースアメリカの主力製品（どれもインドでは成功しそうになかった）とは別次元のアイデアを思い付いた。

それは、インドの零細農家向けのサービスという実に興味深いアイデアで、会社はその可能性を探ってみるよう、長らく開発マネジャーを務めてきたディーパ・バチュにゴーサインを出した。

バチュとエンジニアの2人は、何週間もかけて零細農家の日常を追いかけた。田畑で、村で、そして農作物を売買する市場で――。そして、これら農家たちの最大のペイン・ポイントを突き止めた。すなわち、傷みやすい農産物の在庫、つまり売れ残ったり値がつかなかったりしたものである。もしインテュイットのサービスによって、これらが腐らないうちにそれなりの価格で売れるようになれば、彼らの悩みも緩和あるいは解消されるというものだ。

インドのチームは、ペイン・ストームとソル・ジャムの後、すぐさま実験に移った。7週間もしないうちにテストが始まり、それは最終的に、携帯メールをベースにした、買い手と売り手をマッチさせるマーケットプレースサイト、モバイルバザーとして正式にスタートした。

チームは、アクセススピードを速めるために、本来ならばコード化やシステム構築に時間もコストもかかる部分をうまくごまかした。これは後に「フェイコ・バックエンド」（偽物の後方事務）として知られるようになる。つまり、ユーザーには本物のように見えるが、そのユーザーインターフェースの裏側には、その作成に何カ月もかかったであろう何千行ものソースコードではなく、実際の人間がいたのである。言わば、カーテン越しのオズの魔法使いである。

最初のテストでは、半数の農家が価格を1割高くすることができた。なかには5割増しという者もいた。立ち上げから1年足らずで、モバイルバザーの契約者は18万人に達した。そのほとんどがクチコミである。インドのチームによると、平均16％の値上げが可能であるという。

イノベーションを起こし企業文化を改革する

ハンソンは、みずからを含めた10人のイノベーション・カタリストの初年度における進歩と、この取り組みが社内に受け入れられたことに満足していた。ただし、この改革を成し遂げるために、これをさらに広げていく必要があることも承知していた。

新CEOのブラッド・スミスは、社内全体からイノベーションが生まれてくることを期待し、彼の言う「モバイル、ソーシャル、グローバル」という新領域を特に重視していた。

そこでハンソンは、さらに65人のカタリストを選び、トレーニングし、スタンバイさせることを2010年度の目標にした（**章末**「イノベーション・カタリストを任命する」を参照）。

そのためには、製品管理やエンジニアリングなど、範囲を広げて人材を調達する一方で、カタリストたちを支援し、D4Dに対するミドルマネジャー層の理解を高めることを任務とする少人数のチームを立ち上げる必要があった。そこで彼女は、最初の10人の一人、スザンヌ・ペリカンに、カタリストの増強を任せた。

ハンソンは最初の取り組みから、デザイン思考に優れた人が必ずしも優れたカタリストになれるとは限らないことを学んでいた。いわく「私たちが必要としていたのは、デザイン思考ができる人だけでなく、D4Dを広めたい、みんなが素晴らしい仕事をするお手伝いをしたいという熱意の持ち主です。優れたアイデアをひらめいて、それをほかの人たちに伝えることではありません」。

カタリストには、助け合いも必要であった。ハンソンのチームは、最高の仕事ができるのは協力した時であることを知っていた。それゆえカタリストたちは、新しいアイデアや手法を学び合い、困難な状況下では精神的に支援し合う。

そこでペリカンは、これらカタリスト部隊を拡大するに当たり、各カタリストが事業部門の枠を超えた「集団」の一部であり、新しい手法を社内の端から端まで迅速に導入できることを確認した。

カタリストの価値を高めることを目指して、ハンソンは、ミドルマネジャーたちにコンセプトとしてデザイン思考を受け入れてもらい、その支援者としてイノベーション・カタリストを認めてもらうために、やはり最初の10人の一人であるジョセフ・オサリバンをリーダーとする、第2のチームを立ち上げた。

たとえば、何人かのカタリストから「ディレクター層の抵抗に遭った」という報告を受けて、ハンソンとオサリバンは、リーダー層が直面する問題にそのまま使えるよう、リーダー研修プログラムにデザイン思考を組み込んだ。

ある研修プログラムでは、社員が使用する携帯電話関連費用を50万ドル削減するという任務が与えられたチームのリーダーに、ITディレクターが任命された。オサリバンたちはこのチームのために、ペイン・ストームとソル・ジャムに関するセッションを1日かけて実施した。

ITディレクターは所期の削減目標を達成し、また想像していた以上にスムーズにこの任務を片付けることができたとして、チームメンバーたちから高い評価を得た。このITディレクターをはじめ、リーダー研修プログラム参加者はD4Dの熱心な伝道師になった。

＊　＊　＊

インテュイットでは、パワーポイントよりも実験を奨励することで、すべての社員が顧客を満足させることから喜ばせることに努力するようになった。D4Dが支持されているのは、イノベーションの手段として明らかに優れているだけでなく、楽しく取り組めると評価されているからである。

社内では、イノベーション活動が飛躍的に増えた。たとえば主力製品ターボタックスの場合、200

6年度にこの事業部が顧客に実施した実験はわずか1つだったが、2010年にはそれが600になった。また、クイックブックス事業部のそれは毎年数回程度だったが、2010年には40に増えた。こうしてインテュイットは、新しいビジネスチャンスをいち早く物にできるようになった。

ブラッド・スミスは、モバイル用アプリケーションという成長分野でD4D主導のイノベーションを推進し、2年足らずのうちに、このアプリケーションの数はゼロから18に増えた。スナップタックスをはじめ、その多くが好調なスタートを切っている。NPSは全社的に上昇し、売上げと利益はここ3年間、右肩上がりが続いている。

スコット・クックはスティーブ・ジョブズになれなかったかもしれないが、インテュイットにはそのような人物は必要ないことがはっきりした。

イノベーション・カタリストを任命する

カーレン・ハンソンは2008年に、社内の同僚の何人かに、以下のようなメールを送った。

［件名：D4Dフェーズ2――あなたの力を貸してください］

あなたは、インテュイットのD4D第2フェーズを推進するサポート役に任命されました（上司の方もその参加を承認されています)。インテュイットがデザイン思考の文化で抜きん出た存在になるには、リーダーとしてあなたはなくてはならない人物です。使える手段はたくさんありますが、デザイン思考を社内に定着させるアイデアを生み出すには、あなたの力が必要です。

以下がその役割です。

- 8月初旬、丸1日かけてブレインストーミングとワークショップを行うが、これに参加すること。ここでは、D4Dを次の段階に押し上げるために、我々が(デザイン思考の推進者として、また大手企業として)何をするのかについて検討する。ワークショップの終わりには、クック氏が我々のアイデアや計画について意見を述べる予定。
- この8月のワークショップで決まった取り組みを実践する。
- D4Dリーダーとして、全社的に目に見える活動を行う(例:D4D入門セッションやワークショップの「ファストパス」)、あるいは、その他のリーダーシップセッションなどの指導を担当する。現在あるいは将来の貢献制度を通じてD4Dの知識体系化に寄与する。経営陣の代理人になるなど)。
- インテュイットという大手企業にとって頼りがいのある、D4Dのコーチあるいはファシリテーターになる(例:ブレインストーミングやデザイン評価などで、全社の主要チームを指導する)。

都合、月に2日ほどを割いていただくことになります。我々は、あなたのスケジュールに合わせられると思います。

2009年度において、ご協力いただけるかどうか、お知らせください。また、前述の8月のワークショップ

――

については、皆さんの予定を押さえさせていただきます。いまのところ、8月4日か5日、あるいは6日のいずれかで、マウンテンビューでフェース・トゥ・フェースのワークショップを開催する予定です。

第10章

【インタビュー】
ペプシコ：
戦略にユーザー体験を

ペプシコ 会長兼CEO
インドラ・ヌーイ
[聞き手]
『ハーバード・ビジネス・レビュー』編集長
アディ・イグナティウス

"How Indra Nooyi Turned Design Thinking Into Strategy"
Harvard Business Review, September 2015.
邦訳「ペプシコ：戦略にユーザー体験を」
『DIAMONDハーバード・ビジネス・レビュー』2016年4月号

インドラ・ヌーイ
(Indra Nooyi)
ペプシコ会長兼 CEO。インド経営大学院で MBA を取得。エール大学でも経営学を学ぶ。ボストン コンサルティング グループ、モトローラなどを経て 1994 年にペプシコに入社。同社で 10 年以上にわたってグローバル戦略を策定し、事業再編を指揮。2006 年に社長兼 CEO に、2007 年に会長に就任。

何がペプシコを変えたのか

わずか数年前まで、インドラ・ヌーイがペプシコのCEOの座に留まり続けられるかどうかは未知数だった。多くの投資家にとって、当時の同社は市場シェアが落ち込むばかりの慢心した大企業に映っていた。ヌーイが製品ラインの全体的な方向性を健康志向へシフトさせたことも批判の的になり、有力アクティビスト（物言う株主）のネルソン・ペルツは事業の2分割を求めて同社の経営陣と激しく対立した。

しかし、最近のヌーイ（59歳）は自信をにじませている。9年前にトップに就任して以来、ペプシコの売上げは順調に伸びており、数年間横ばい状態だった同社の株価は再び上昇に転じている。何しろ、ペルツが自陣営の一人を同社の取締役会に送り込むことで、「休戦」に合意したほどだ。

これら一連の出来事を経て、ヌーイはみずからが「ペプシコのイノベーションの原動力」と呼ぶ「デザイン思考」に専念できるようになった。2012年にはマウロ・ポルチーニを初代のCDO（最高デザイン責任者）に起用し、現在では「当社が下す重要な意思決定の大半において、『デザイン』を考慮に入れている」という（**章末**「デザイン思考が浸透した組織をいかにつくるか」を参照）。

ペプシコの変貌を理解すべく、私はニューヨーク州ホワイトプレーンズにある同社の仮社屋（同州パーチェスにある本社は改修中）でヌーイに話を聞いた。その内容は、彼女自身にとってデザインが意味するもの、企業風土の改革に当たっての課題、最も誇らしい実績にまで及んだ。

――アディ・イグナティウス

デザイン責任者の要求をすべてかなえる

HBR（以下太文字）：ペプシコをデザイン主導型にすることで、どのような問題を解決したかったのですか。

ヌーイ（以下略）：CEOである私は店頭を毎週視察し、自社製品が陳列棚でどう見えるかを観察しています。その際には、「どの製品が実際に語りかけてくるか」を、常にCEOではなく一人の母親の視点で自問自答しています。陳列棚は雑然と化すばかりです。そこで、コンセプト開発から最終製品に至るまでのイノベーションプロセスやデザイン体験を、消費者の目線で見直さなければならないと考えました。

その見直しには、どこから着手しましたか。

まず、直属の部下一人ひとりに空のアルバム1冊とカメラ1台を渡して、優れたデザインだと思うものを何でもいいから撮影するように指示しました。

反応はどうでしたか。

6週間後、アルバムを提出したのはわずか数人で、奥さんに写真を撮らせた人もいました。多くの人々はまったく手をつけずにいました。デザインとは何かをわかっていなかったのです。私が社内でデザインについて話そうとするたびに、彼らは、デザインとはパッケージのことだと勘違いされました。「違う色合いのブルーにしましょうか」といった具合で、デザイン思考が本質的に中身を変えることであるのに対して、上辺だけ飾り立てることのように誤解されていたのです。このため、デザイナーを社内に迎え入れる必要があると悟りました。

マウロ・ポルチーニを探し当てるのは、簡単でしたか。

リサーチを重ねた結果、彼がこの分野において3Mで成果を上げていたことを突き止めました。そこで彼を呼んで当社のビジョンを伝え、本人から求められた人員とデザインスタジオ、役職をすべて提供しました。彼のチームは現在、製品開発からパッケージやラベルの開発、店頭での製品の陳列方法、消費者と製品との関わり方に至るまで、システム全体におけるデザインを推進しています。

あなたにとって優れたデザインの定義とは、どのようなものですか。

私にとってうまくデザインされた製品とは、消費者が惚れ込む製品、もしくは嫌悪感を抱く製品です。両極端かもしれませんが、何らかの生の反応を引き出すものでなければならないのです。理想的には、単に「あぁ、それ買って食べたよ」で終わるような製品ではなく、これから関わりたいと思わせる製品を指します。

デザインは単なるパッケージ開発ではないとおっしゃいますが、話題のほとんどはパッケージのことではないかと思われます。

デザインとは、パッケージ開発の領域を大きく超えるものです。私たちはコンセプト開発から最終製品化、製品消費後の体験に至るまで、デザイン体験を丸ごと見直さなければなりませんでした。

当社のタッチスクリーン式の新型ドリンクサーバー、ペプシ・スパイアを例に挙げましょう。ドリンクサーバーを導入している他の企業は、フレーバーの組み合わせ方や機能の追加に力を入れていました。かたや当社のデザイン担当者が本質的に提唱していたのは、消費者とマシンとの関わり方を根底から一変させることでした。

ペプシ・スパイアは言うならば、近未来的なマシンに巨大なｉＰａｄ状のディスプレーを搭載したものであり、消費者に語りかけて関わり合いを求めます。

また、購入した製品を記録できるので、2回目以降にIDをかざすと、前回試したフレーバーの組み合わせを表示するとともに新しい組み合わせを提案します。製品の美しい写真も表示可能で、消費者がライムやクランベリーを追加すると、実際にそれらのフレーバーが追加される様子を確認できます。単にボタンを押すとでき上がった製品が出てくるのではなく、フレーバーが注がれるさまを目で追って実体験できるのです。

女性は、「小さくて、ピンク色」を望んでいるわけではない

他にも、デザイン主導型で注目すべきイノベーションを生み出していますか。

女性向けの新製品をいくつか開発中です。当社がこれまで女性向け製品に活用していた手法は「小さくするか、ピンクにするか」だけでした。たとえば、スーザン・G・コーメン・フォー・ザ・キュア（乳がんの早期検診を呼びかけるピンクリボン運動を展開するNPO）のピンク色のバッグにスナック菓子のドリトスを詰めて、女性向けに販売するといった具合です。

そのやり方自体は間違っていませんが、女性にはスナック菓子をこう食べたいという願望がほかにもあります。

女性はスナック菓子をどうやって食べたいのですか。

男性はスナック菓子をあらかた食べ終わったら、袋を逆さにして残りを口に放り込みますが、女性はそんなことをしません。それに、女性はスナック菓子がシミになりやすいことを気にするので、多くの男性がするように手を椅子にこすりつけたりはしません。

中国では、プラスチック製トレーの上にポテトチップスを並べた筒状のパッケージを導入しました。スナック菓子を食べたい女性は引き出しを開け、トレーから製品をつまめばいいのです。食べ終わったら、そのまま引き出しをしまうことができます。そうすれば、うるさい音を立てずに済みます。女性は、スナック菓子をバリバリと食べる音を人に聞かれたくないのです。

要するに、ユーザー体験をいっそう考慮するようになったのですね。

その通りです。かつての当社の辞書には、ユーザー体験という言葉はありませんでした。食べる時の音や味をはじめ、あらゆることに注意を払うようになって、製品の形状やパッケージ、仕様、機能を見直すようになりました。これらすべてを吟味した結果が、どのような生産設備を導入するかに表れています。たとえばビニール袋ではなく、プラスチック製トレーを製造する機械を設置するという具合です。つまり当社は、サプライチェーンの上流過程に遡ったところまでデザイン思考を採り入れているのです。

消費者の声に、どのくらい耳を傾けていますか。消費者はそもそも、自分のほしいものをわかっていますか。

消費者が自分のほしいものをわかっているかどうかは知りませんが、消費者から学ぶことはできます。スナック菓子のサンチップスを例に挙げましょう。当初この製品は1インチ（約2・5センチ）四方のサイズで、一口かじると砕けていました。このため、「一口サイズの別の製品を買うようになった」と、フォーカスグループで消費者から教わりました。サンチップスが大きすぎたと結論付ける以外にありませんでした。この場合、当社の金型が1インチ四方しかカットできないことは理由になりません。現行の生産設備に基づいて製品を販売するのではなく、ターゲット層がほれ込む製品を販売しなければならないのです。

デザインがイノベーションを生む

デザイン思考といえば、ラピッドプロトタイピング（注1）やスピーディなテスティングを思い浮かべますが、ペプシコでもそうした手法を採り入れようとしていますか。

米国ではそれほどでもありませんが、テスト・検証・発売というプロセスの迅速化では中国と日本がリードしています。短期間で発売すると失敗も多くなりますが、問題ありません。これらの市場で失敗しても、わずかなコストしか生じないからです。当社は米国では、極めて体系立ったプロセスを踏んでから発売する傾向があります。中国と日本のやり方は、いずれ米国式に改めるべきかもしれません。

米国、少なくともシリコンバレーでは、日本や中国式のやり方がすでに浸透していませんか。

小規模企業の多くがこのアプローチを採り入れており、そうした企業にとって失敗に伴うコストは許容範囲です。当社はもっと慎重であり、特に主力ブランドには細心の注意を払います。とはいえ、製品ラインの拡充は大きな問題ではありません。ドリトスの新しいフレーバーの売れ行きが芳しくなかったら、引き上げるだけで済みます。ところが新製品を市場に投入する場合には、十分にテストを重ねなければなりません。

日本では、3カ月ごとにペプシの新しいフレーバーを期間限定で発売しています。グリーンやピンク、ブルーのみならず、キュウリ風味も発売したことがあります。好評だろうが不振に終わろうが、3カ月後には他の製品に移行するのです。

ペプシコは、デザイン思考で競争優位を得られていますか。

企業として、やるべきことは2つです。売上げの成長率を1桁台半ばに維持すること、最終利益をそ

図表10｜売上高が10億ドルを超えるペプシコのブランド

飲料	食品
ペプシ	レイズ
マウンテンデュー	ドリトス
ゲータレード	クエーカー・オーツ
トロピカーナ	チートス
ダイエットペプシ	ラッフルズ
セブンアップ	トスティートス
ミリンダ	フリトス
リプトン	ウォーカーズ・クリスプス
アクアフィーナ	
ペプシ・マックス	
ブリスク	
シエラミスト	
ダイエット・マウンテンデュー	
スターバックスブランドの缶コーヒー	

出所：ペプシコの2014年度アニュアルリポート

れ以上のペースで伸ばすことです。当社の場合、製品ラインの拡充によって売上拡大を維持しています。と同時に「期待の新星」、つまり特定の国やセグメントで売上げを大幅に伸ばせる2〜3のヒット製品を常に模索しています。

その一例がマウンテンデュー・キックスタートです。これは画期的な新製品で、果汁含有量が高くて低カロリーであるうえに、斬新なフレーバーを揃えています。このイノベーションは、開発手法から従来とは異なります。以前は、単にマウンテンデューの新フレーバーを開発するだけでしたが、キックスタートはスリムな缶入りで、味も形も従来製品とは一線を画しています。このため、「80キロカロリーの果汁飲料で、パッケージも持ち歩きやすい」と女性の間で評判となり、新しい層の取り込みに成功しました。売上高は2年間で2億ドルを超えました。この業界では稀に見る高成績です。

それはデザイン思考の一例ですか。それともイノベーションプロセスの一端にすぎないのでしょうか。

イノベーションとデザインは紙一重です。理論的には、デザインがイノベーションを生み出すのであり、デザインなくしては成り立ちません。当社の取り組みはスタートしたばかりで、昨年（2014年）の正味売上高のうち、イノベーションが占める割合は9％でした。市場はクリエイティブになりつつあるため、私はこれを10％台半ばに引き上げたいと考えています。そのためには、より多くの失敗と適応サイクルの短期化を甘んじて受け入れなければなりません。

競争優位を保てるのは一瞬であり、企業は数年おきにみずからを再構築すべきだと思われますか。

おっしゃる通りです。持続可能な競争優位が久しく叫ばれており、サイクルも短くなっています。従来は7年から10年ごとに自社を再構築するのが通例でしたが、いまでは2～3年おきになっています。ビジネスのやり方、顧客との関わり方をたえず再構築しなければならないのです。

変化を管理する

アプローチが大きく変化したようですが、従業員をどうやって関与させていますか。

最も重要なのは、マウロ・ポルチーニという適任者を見つけたことです。飲料部門の社員たちは、製品のデザインや開発のとらえ方について、すぐさまマウロのサポートを受け入れました。次に小売企業がマウロにほれ込み、彼を店舗に招くようになりました。陳列棚のレイアウト法の見直しについて話し合うためです。10人程度だった彼のチームは50人近くにまで増え、ニューヨーク市のソーホーに彼のスタジオを設けました。当社製品はいまではターゲットとする消費者層にふさわしいものとなり、パッケージも上々の仕上がりです。

企業文化の変革を、会社全体でどのように推し進めていますか。

かつての当社の強みは分散化にありましたが、これは弱みでもありました。全世界が成長して万事順調であれば、悪いアプローチではありません。しかし、変化がグローバルな規模で激しく、調整を図らなければならない状況下では役に立たないのです。社員には、2年から3年の適応期間を与えており、その間に適応できなければ、「私はいつでも喜んで送別会に出席する」と言い渡しています。

社員の適応ぶりをどうやって判断していますか。

グローバル会議での言動や、プロセスの初期段階からデザインを採り入れているかどうかを確認しています。また、デザインに触発されたイノベーションの市場導入実績も観察しています。その一方で意欲的な生産性向上プログラムも推進し、コストを圧縮して経営資源を浮かせています。1ドルから絞り出す成果を最大化しなければなりませんし、コストがどのくらい生じているかにも目を光らせています。

利益を損なわず変革を実行する

あなたは、ペプシコのビジネスについて話す際に「パーパス」という言葉をよく使われます。あなたにとって、それはどんな意味を持っていますか。

CEOに就任した2006年に、私は社員との対話型ミーティングを連続して数回開きました。給与のために働いていると答えた社員はごくわずかでした。ほとんどの社員は単に生活の糧を得るだけでなく、人生を築きたいと考えていたのです。消費者が健康管理に気を配っていることも、社員は十分に認識していました。そこで私たちは、社員には頭だけでなく、心や手も動かして仕事に取り組んでもらう必要があると気づきました。すなわち、消費者の健康によい製品をたくさんつくり、持続可能性を追求しなければならないのです。

パーパスとは、企業の社会的責任を果たすために寄付をすることではありません。利益を生み出す方法を根底から変えることによって実績を上げることがパーパスであり、それが若者たちが働きたいと思う「よい」企業となることを後押しするのです。

「正しいことを行う」ために、利益率の低下を甘んじて受け入れますか。諦めなければならないことが、間違いなくあるはずです。

パーパスとは利益率を損なうことではなく、変革を促す手段です。ポートフォリオを変革しなければ売上げの成長がストップし、利益率はどのみち悪化します。つまり、当社が将来の成長を維持するために全力を挙げて取り組んでいるのは、実際には「パーパス」ではなく、戦略なのです。

特に水問題をはじめとする環境問題に取り組んでいなかったら、当社は一部の国で事業免許を失っていたでしょう。企業文化を一変させると、時には問題に直面します。変革を促進すると何もかもスムーズに進むとは限らないため、利益率や売上高が打撃を受ける場合もあります。とはいえ、自社の発展を長い目で見れば、それらは些細なつまずきにすぎません。

しかし、ペプシコでは不健康な製品をいまもたくさん販売していますよね。

当社は製品ポートフォリオをつくっており、その中には「食の喜びを与えてくれる製品」と「健康によい製品」があります。果糖飲料やポテトチップスを販売する一方で、クエーカー・オーツ（オートミール）や、トロピカーナ（100％果汁飲料）、ネイキッドジュース（コールドプレスジュース）、イズィ（フルーツ微炭酸ジュース）も取り扱っています。主力製品の塩分、糖分、脂質含有量も引き下げています。社会のニーズが変わったため、「健康によい製品」に照準を合わせたのです。

人気の高い製品ラインが「健康によい」という基準に合わなければ、打ち切りを検討しますか。

いささか理解に苦しむ質問です。当社製品には、有害なものや危険なものはないからです。当社は、消費者のライフスタイルに合った選択肢を提供しています。ペプシを飲みたい人向けにありとあらゆるサイズのペプシがあり、消費者は12オンス（約355ミリリットル）を選ぶこともできれば、7・5オンス（約222ミリリットル）の少量サイズを選ぶこともできます。私たちは、「健康によい製品」と「食の喜びを与えてくれる製品」の両方が手頃な価格ですぐに購入でき、おいしく味わえるようにしたいと考えています。

また、「健康によい製品」も「食の喜びを与えてくれる製品」と同等の味わいで提供しています。ドリトス・ローデッド（ドリトスを砕いた衣でチーズを包んで揚げたスナック）と同じように、クエーカー・オーツのリアル・メドリーズ（フルーツをミックスしたオートミール）も愛される製品にしたいのです。

健康的な製品の拡販に力を入れていますか。

もちろんです。ただし、選択肢を残したいとも考えています。たとえば少量パッケージの製品を陳列棚の前面に並べたり、糖分を抑えていない製品とダイエット製品を同じくらい目立つように陳列したりしています。この取り組みは、リチャード・セイラーとキャス・サンスティーンの著書『実践　行動経済学』(注2)からヒントを得ました。かたやスポーツ飲料のゲータレード(注3)は「食の喜びを与えてくれる製品」に位置付けているわけではないため、アスリートに照準を絞った広告のみを展開しています。

昨今の消費者は要求が極めて多いようです。どうやって対処していますか。

私たちは、未来の消費者に合わせた製品ポートフォリオの設計を心がけなければなりません。たとえば、人工甘味料のアスパルテームには何ら問題がありませんが、消費者が敬遠するならば新たな選択肢を用意して、アスパルテーム不使用のダイエット製品を提供する必要があります。同様に、高フルクトース・コーンシロップにも何も問題はありませんが、消費者から本物の砂糖のほうがよいという声が上がれば、それも提供しなければなりません。

長期的な成長を目指して

CEOに就任して以来、あなたが最も誇らしく思うことは何ですか。

私が経営の舵取りを始めたのは、業績好調が数年続いた直後でした。その後、状況は激変しました。「食の喜びを与えてくれる製品」カテゴリーが新たな規制圧力にさらされる一方で、「健康によい製品」事業は十分に確立されていませんでした。北米市場が減速していく中、海外事業の規模は成長途上の段階でした。米国の主力取引先の店頭では売れ行きが急激に失速した半面、主な競合の飲料品メーカーは大胆な改革を実施して盛り返してきました。みずからを省みた時に私たちが目にしたのは、分散化し肥大化した自社の姿です。

私たちは当社をより緊密な状態へ再編成しなければなりませんでした。企業文化を変える必要がありました。無駄を省いてスリム化したうえで、R&D、広告、マーケティング、新たな組織能力に再投資しなければならなかったのです。当時の私には選択肢がありました。猛スピードでコスト削減に取り組み、数年間大きな利益を上げてから退任するという道です。

しかし、それでは長期的な成功につながりません。そこで、構築すべきポートフォリオや強化すべきポイント、育成すべき組織能力に焦点を当てながら、取締役会に戦略を詳しく説明したのです。取締役会では、「途中でつまずくこともあるでしょうが、私たちが支援します。ぜひ実現してください」と言われました。私たちはその戦略の実行に着手し、長期的な視野に立って会社を強化しつつ、優れた株主価値をもたらしてきたのです。

チェンナイで育ったあなたは、「インドの若い女性とはかくあるべき」という固定観念をことごとく覆してきたように思えます。それはいまも変わっていませんか。

ある程度は変わっていません。ただしCEOになると、固定観念を覆してばかりもいられません。そうできればいいのですが、無理です。当時は、保守的な観念が主流だったので、私のやることなすことがすべて型破りでした。ロックバンドで演奏したり木登りをしたりして、「あの子はいったい何をやっているんだ」と両親を当惑させることを繰り返していました。ただし私は優等生で、よい娘でもあったので、家族の顔に泥を塗るようなことは絶対にやらなかったです。さらに幸いなことに、我が家の男性陣は、万事において女性にも平等に機会を与えるべきだと考えてくれました。私はいまでもはねっ返りなところがあり、「黙ったまま見過ごせない」とたえず口にしています。

毎朝目を覚ますたびに、世界が変わりつつあるという健全な不安を抱きます。そして「競争に勝ち抜くには誰よりも早く変化を遂げ、機敏にならなければならない」という信念を胸に刻み込むのです。

ペプシコCDO（最高デザイン責任者）に聞く

デザイン思考が浸透した組織をいかにつくるか

ジェームズ・ド・ブリーズ

マウロ・ポルチーニは、ペプシコの初代CDOとして、CEOのインドラ・ヌーイの下、全社のブランドのデザイン主導のイノベーションを指揮した。以下は、プロトタイピングから優れたデザイン組織の基本的な資質まで、さまざまなトピックスについてのインタビューである。

ド・ブリーズ（以下太文字）**：デザインをどのように定義しますか。**

ポルチーニ（以下略）：デザインにはさまざまな意味があります。ペプシコでは、デザイン思考を活用し、顧客がペプシコのどんな製品を手に取っても、顧客にとって意味があり価値のあるブランド体験ができるようにしています。私たちデザイン部門は、音楽、スポーツ、ファッションなどさまざまなプラットフォームで、製品そのものから、ブランドに息を吹き込むマーケティングや販売活動に至るまで、各ブランドのビジュアル・アイデンティティをカバーしています。

現在の製品ポートフォリオだけでなく、ペプシコの将来のポートフォリオについても責任を持っています。私たちの仕事は、まさにイノベーションそのものです。私には、デザインとイノベーションはまったく同じものだという強い信念があります。デザインとは製品の美学や造形以上のもの——デザインは、人々が何を望み、何を必要とし、何を夢見ているのかを汲み取り、ブランドのエコシステム全体を通じて、顧客にとって意味があり、価値のある体験をつくり出すための戦略的な機能なのです。

ペプシコや他の企業において、デザインというのは、日常的にはどういう活動なのですか。

企業の中でのデザインは、プロトタイピング・プロセスと深く関わっています。プロトタイピング・プロセスは、組織全体が一つのアイデアでまとまるため、組織内に多くの価値を生み出します。たとえば、私が「ナイフ」と言ったとすると、聞き手は頭の中に、ある形のナイフを思い浮かべるでしょう。私はおそらく、その人が考えているのとは違うナイフを思い浮かべています。そこにいる他の人たちも、それぞれ別のナイフを思い浮かべているでしょう。しかし、私がいまナイフをデザインするなら、そこにいる全員が、私がデザインしたものと同じナイフについて議論できるようにします。たとえばマーケティング担当者がいて、「ブランド名が見えにくい」と言う。人間工学の研究者は「柄が握りにくい」と言い、科学者は「刃のシャープさが足りない」と言う。こうした発言が出てくることは間違いではないのです。プロセスの失敗でもありません。プロトタイピングを行うことで、抽象的な表現では見えなかった問題が表面化します。それがデザインとプロトタイピングの効用なのです。

何かのプロトタイプ——新しくて誰も見たことがないものを人々の前に置くと、皆興奮します。目が輝きます。多くの会議で、プロトタイプを前に人々が活きいきし出すのを何度も見てきました。誰もが会議では、無責任に言いたいことを言うだけで、自分から動こうとはしませんが、実際に形のあるもの、つまりプロトタイプを持ってきて見せると、がぜん士気が上がります。こうして人々のやる気を引き出すのです。みんなが支援したくなり、関わりたくなるようにするのです。この力は強大で、組織を非常に速く動かすことができます。こうすることで、イノベーションプロセスを加速し、イノベーションの結果はより顧客にとって重要なものになるのです。

組織内でデザイン思考を浸透させるには、何が必要ですか。

デザイン思考を企業内で活かすには、特定の状況が必要です。まず、適切なデザインリーダーを連れてこなければなりません。多くの組織がこの段階で間違いを犯しています。デザインは、人間に対する深い洞察だと考え、デザインを通じて戦略を立てようと思うなら、幅広いスキルを持つデザインリーダーが必要です。企業幹部は、さまざまな種類のデザインがあるということを知りません。ブランドデザインがあり、インダストリアルデザインがあり、インテリアデザインがある。ユーザーエクスペリエンス・デザインもある。そして、戦略としてのデザインイノベーションがあります。ですから、こうしたさまざまな面を持つデザインのすべてを巧みにマネジメントできるリーダー――大局的なビジョンを持った人間が必要なのです。

次に、経営陣の適切な援助です。新しいデザイン機能と新しい文化は、CEOや役員レベルの人間が支援すべきです。どんな組織、企業でも、新しい文化を拒否する傾向があるからです。

デザインリーダーを連れてきて、経営陣の支援も得られたなら、次はさまざまな個人や団体からのお墨付きを得る必要があります。これは、組織外の他のデザイナーから称賛されるといったことでもよいし、デザイン雑誌に採り上げられるということでもよいし、何かのデザイン賞を受賞するということもあるでしょう。とにかく、デザインイノベーションを行うことで、組織は正しい方向に進んでいるのだということを組織内の人々に理解してもらうには、こうした外部の承認が不可欠です。そして、「クイック・ウイン」を確立する必要があります。

クイック・ウインとは組織内にデザインの価値を周知させるような短期的な成果としてのプロジェクトです。早期にこうした成果があれば、それをもとに、組織内でデザインを用いた新しい文化や新しい手法を統括して実行するプロセスの構築に着手することができます。

デザイン思考が組織に組み込まれていくプロセスは歴然とした進化です。私はこのプロセスを5つの重なり合うフェーズとして考えています。第1のフェーズは「否定」です。組織は新しい手法や文化が必要だとは考えていません。しかし、組織内に影響力と権力を持つ誰か――多くの場合、それはCEOや経営陣ですが――は実際にイノベーションの必要があることを理解しているため、新しい文化を導入しようとするリーダーを雇います。

第2のフェーズでは、「暗黙の拒絶反応」があります。組織が新しい手法を採用する必要があるということは、トップには受け入れられていたとしても、組織全体の理解はまだそこまでには至っていません。デザインリーダーはトップのリーダーシップに従って事を進めているので、イノベーションのプロセス自体が問題なく進んでいると考えがちですが、実際にはそうではないのです。このフェーズで失敗する可能性は高いのです。会社はえてして新しい手法を拒否するものだからです。

第3のフェーズは、私が「偶然の支持の広がり」と呼ぶものです。デザインリーダーとして、自分がしていることの価値を理解してくれている共犯者を組織内に見つけるのです。その人はデザインが何であるかを深く理解しているかもしれないし、理解していないかもしれませんが、そこに価値があることを理解し、デザインリーダーと一緒に何かを創造し、デザインリーダーに賭けています。そういう人を見つけられたら、それが「クイック・ウイン」を打ち立てるタイミングです。クイック・ウインがあれば、組織内で、デザインの価値についての理解が飛躍的に進むので、非常に重要です。

第4のフェーズは、私が「自信の追求」と呼んでいるものです。この新しいデザイン文化に価値があることを会社全体が理解し、そのデザイン文化によって組織全体を統合しようとするフェーズです。問題は、これまでと違うことを実行しようとすると、常に効率が落ち、リスクが発生するということです。これは、デザイン思考でイノベーションを行う場合には特にそうなりがちです。このプロセスの、市場にも、発売しようとしているブランドや製品にもリスクがあります。その時こそ、組織に自信を持たせる必要があるのです。

イノベーションと起業家精神の根底にはそもそもリスクがあるものです。シックスシグマのような手法は、どれもリスクを減らすことを目的としたものですが、イノベーションの際には有効ではありません。イノベーションというものは、本質的にリスクが高いものだからです。一方、デザインは、さまざまな方法で組織内に自信を持たせることができます。それは、組織内でイノベーションのノウハウを構築し、プロトタイピング・プロセスを通じて、組織全体からも、顧客からも、エネルギーと賛同を得ることなのです。プロトタイプをつくればつくるほど、組織の中でのデザインに対する自信が深まり、自分がやっていることが正しいことであるとわかります。今日の多くの会社は過ちや失敗を恐れて立ちすくんでしまいがちなので、自信の追求は非常に重要です。

最後のフェーズは、私が「組織内の認知の完了」と呼んでいるものです。新しい文化——この場合はデザイン——が組織にとって意味があるものであるということを、組織内の誰もが理解した段階です。これはデザインがもはやデザイナーだけのものではなくなっているフェーズです。デザイン思考は組織全体に広がり、組織内のあらゆるスタッフの個々の仕事の仕方を変えていきます。マーケティングであれ、製造であれ、そのほかどんな職種であれ、新しい仕事の仕方の中でデザインを活用していくのです。

ペプシコのデザインチームは、組織内でどのようになっていますか。

デザインイノベーションを行うには、デザイン部門（シニアリーダーがいるデザインチーム）は事業組織の内部になければなりません、というより、事業部門とデザイン部門は統合されているべきで、デザイン部門が何かするたびに他部署にいちいち報告しなければならないという事態を避けなければなりません。デザインはマーケティングと同じ立場でイノベーションを推進できるような存在であるべきです。ペプシコではそうなっています。

ペプシコのデザインセンターでは、デザインのキーパーソンたちを育ててきました。インダストリアルデザイン担当のシニアリーダー、ブランドデザイン担当のリーダー、イノベーションと戦略を担当するリーダーなどです。また、デジタル部門も構築しました。彼らがデザインの可能性をさらに広げてくれています。

デザインにおいてのみ優秀な人材を探しているわけではないため、採用プロセスは大変厳しいものです。新しいデザイン組織、新しい文化をつくらなければならない時は、デザインの文化を変える方法に習熟している変革の仕掛け人（チェンジ・エージェント）や人材を採用する必要があります。これは非常に難しいことです。おそらく、企業をあっと言わせるようなデザインをするデザイナーはたくさんいるでしょう。しかし、彼らは、自分がデザインを通して実践していることを、事業部門にどう説明したらいいのかまったくわかっていません。こんなデザイナーは言わば企業にとって「贅沢品」であり、組織を進化させるフェーズで雇っている余裕はありません。組織の変化に影響を与えることができないデザイナーがいると、デザイナーは「事業部門が我々のことを理解してくれない」と言い募り、事業部門は、「デザイン部門が我々の事業を理解しようとしない」と愚痴るという、よくある光景を見るはめになります。

真のデザイン文化を創造するには、共通の言語、構造、そして何より、適切な人員が必要です。私は、デザイン思考を教えると吹聴するようなデザイン企業やコンサルティング会社を断固として認めません。そのような企業に高い料金を払って、ワークショップを受けた結果、デザインの素人が、自分もデザイン思考ができるようになったので、デザインイノベーションを実践しようなどと思い始めるのです。これは本当に目も当てられないことです。デザインにはそれ相応のスキルと経験が絶対に必要です。

デザインへの投資に価値があることを、他の人に納得させるには、どうすればよいのでしょうか。

何年も、本当に何年もの間、私は企業生活の中でデザインのROI（投資収益率）を定義するよう求められてきました。客観的な目標ははっきりしていて、プロジェクトごとの売上高と純利益の成長であり、その次に重要なのが、ブランドごとの売上高と純利益の成長です。その数字を出すのは何ら難しいことではありません。

次に、私たちが本当に見極めたいのは主観的な変化です。一つは消費者の関与の深さです。公式にアンケートをして測定することもできますし、消費者が製品についてどのように反応しているかを調べることで、測定することもできます。今日ではソーシャルメディアを通じて簡単にそうした反応を集めることができます。

もう一つ見るべき変数は、ブランドへの影響を測るブランドエクイティです。それは顧客エンゲージメント、つまり、顧客がどのように企業と意思疎通しているか、企業とどのような対話を重ねているかということです。実際には、組織全体にデザインを組み込み、組織内の人々がそれを体験していれば、デザインのROIはどのくらいか、などという質問をしなくなります。というのも、いま話したすべての変数にデザインが明らかな影響を与えていることを、彼ら自身が日々業務の中で実感するようになるからです。

これまでのペプシコでのビジネスの主な成果は、どういうものですか。

入社して3年弱になり、事業組織やR＆D部門と非常に強力なパートナーシップを築くことができました。私たちは、ドリンクサーバー、飲料の冷蔵庫、自動販売機の改良の際に、顧客が何を求めているのかを理解するためにデザインを活用してきました。そして私たちは理想的なポートフォリオを可能な限り急いでつくり上げ――実際にはプロトタイピングを通じてですが――市場に投入しました。

約1年前に発売されたスパイア・シリーズの機器は、ペプシのデザイン思考アプローチの最初の成果です。スパイアはドリンクサーバーと自動販売機のセットで、ドリンクをカスタマイズできます。ドリンクを選び、好きなフレーバーを追加できるのです。市場でも高い評価を得ており、私たちがデザイン組織として、デザインとは何かを外部に示すのに最もよい事例となっています。今年は新しいシリーズの製品を発売しましたが、まだまだ発売予定のものが控えています。しかし、スパイアは私が一番気に入っているプロジェクトなのです。

スパイアの重要な点は、業界にとっての大変革だったということです。通常、機器や装置の開発や改良に取り組むのは外部のパートナーやサプライヤーです。しかし、スパイアのプロジェクトでは、それまでの常識をリセットし、私たちが本当に提供したい製品のポートフォリオには何が入っていればいいのか、もう一度考え直してみようと提案して、それを実践しました。そして既存の機器の設計を再考しました。それだけに留まらず、将来的にレストランでの飲料体験を――最終的には食品にまで広げて――どのように構築するかについても再考しました。実際には20年先のドリンクサーバーと自動販売機を想定しました。将来どの方向に向かえばいいのかを確認し、その未来から逆照射して、短期、中期、そして長期でのイノベーションを実現しようと考えたのです。

単に事業の売上高や純利益の数字だけでなく、実際の事業、企業行動、プロジェクトを通じて、デザインがいかに機能しているかを証明する必要があります。どんな形でもよいのです。市場に製品を投入するスピードでもよいし、プロセスの効率化でもよいし、従業員エンゲージメントの向上でもよいのです。

最後に読者にメッセージをお願いします。

デザイナー、インダストリアルデザイナー、プロダクトデザイナー、イノベーションデザイナーとして、私たちはブランド、ビジネス、R&D、テクノロジー、とりわけ人間そのものについて、さまざまな専門の世界を理解するように教育されてきました。私たちはあらゆることの専門家であると同時に、何か一つのことを専門にしているわけではないともいえます。私たちが本当に得意とするのは、さまざまな世界の方法論を理解して、その考え方をデザインツールと結び付けたり、アイデアをプロトタイプ化して具現化するというみずからのデザイン力と結び付けたりすることです。デザインは、有効に機能すれば、組織の中の異文化同士をつなげ、組織全体のよきファシリテーターとなれると考えています。

【注】

(1) 製造業においては、3Dプリンター、3次元CADなどの技術を活用し、試作品を迅速に開発する手法。開発の初期段階で試作を繰り返して形状やサイズ、デザインを中心に吟味し、アイデアを練り上げることが狙い。具体的な製造手法としては、光造形法、熱溶解積層法、粉末法などがある。

(2) Richard H. Thaler and Cass R. Sunstein, *Nudge: Improving Decisions About Health, Wealth, and Happiness*, Yale University Press, 2008. 邦訳は日経BP社、2009年。

(3) 同書では、意思決定を下す環境を設けることによって選択肢の提示方法を変え、意思決定に影響を及ぼす「選択設計」という概念が提唱されている。

『Harvard Business Review』(HBR)とは

ハーバード・ビジネス・スクールの教育理念に基づいて、1922年、同校の機関誌として創刊され、エグゼクティブに愛読されてきたマネジメント誌。また、日本などアジア圏、ドイツなど欧州圏、中東、南米などでローカルに展開、世界中のビジネスリーダーやプロフェッショナルに愛読されている。

『DIAMONDハーバード・ビジネス・レビュー』(DHBR)とは

HBR誌の日本語版として、米国以外では世界で最も早く、1976年に創刊。「社会を変えようとする意志を持ったリーダーのための雑誌」として、毎号HBR論文と日本オリジナルの記事を組み合わせ、時宜に合ったテーマを特集として掲載。多くの経営者やコンサルタント、若手リーダー層から支持され、また企業の管理職研修や企業内大学、ビジネススクールの教材としても利用されている。

ハーバード・ビジネス・レビュー デザインシンキング論文ベスト10
デザイン思考の教科書

2020年10月27日　第1刷発行

編　者――ハーバード・ビジネス・レビュー編集部
訳　者――DIAMONDハーバード・ビジネス・レビュー編集部
発行所――ダイヤモンド社
〒150-8409　東京都渋谷区神宮前6-12-17
https://www.diamond.co.jp/
電話／03·5778·7228(編集)　03·5778·7240(販売)
装丁デザイン―デザインワークショップJIN(遠藤陽一)
製作進行――ダイヤモンド・グラフィック社
印刷――――信毎書籍印刷(本文)・新藤慶昌堂(カバー)
製本――――川島製本所
編集担当――大坪亮

ISBN 978-4-478-11151-2